天涯・人間・晴美

目 次

序言
廖宜恩　讓世世代代台灣人永遠傳頌您們的故事　　　　　005

黃晴美年表　　　　　　　　　　　　　　　　　　009

晴美・天涯・人間
黃文雄　雖小猶強：我的鬥士妹妹　　　　　　　　　　012

鄭自才　晴美與我　　　　　　　　　　　　　　　　　024

吳清桂　晴美，想要跟妳說說話　　　　　　　　　　　028

　　　　槍與玫瑰：她是永遠的勇者　　　　　　　　　032

王秋森　憶黃晴美　　　　　　　　　　　　　　　　　036

張文祺　沉思伊　　　　　　　　　　　　　　　　　　045

陳婉眞　敬悼台灣女性的典範黃晴美女士　　　　　　　049

陳豐惠　紀念溫柔、堅定ê母語運動者：黃晴美　　　　054

王貞文　野草莓開花ê所在　　　　　　　　　　　　　059

周婉窈　黃晴美女士，您是戰後臺灣人精神史上的寶貝　078

陳翠蓮　台灣革命女性黃晴美　084

薛化元　黃晴美女士與 424 事件　088

林秀幸　一封給晴美前輩的信　092

傅佩芬　輓詞——寫在黃晴美女士告別式前　096

張文隆　敬悼！刺蔣案背後，一位堅強女性的殞落　102

藍士博　毋通袂記她／她們的故事——謹弔黃晴美女士　110

劉璐娜　請保有妳的溫暖和熱情，努力精彩的活著　113

黃晴美遺作

Hmh-hmh 食三碗飯 ê 反抗者　122

阿兄 kap「四二四」　124

追想四二四事件 kap gún tau（我們家）ê 故事　129

Sweden ê「gín-á 權利」教育　167

流浪者 ê 歌　173

讓世世代代台灣人
永遠傳頌您們的故事

雖然我和黃文雄兄、鄭自才兄、吳清桂姐是在 1990 年代他們突破黑名單回到台灣後，才和他們認識的，但是，我卻一直沒有機會認識黃晴美姐。不過，文雄兄、自才兄、晴美姐的大名，早在我於 1980 年代留學美國期間，就已聽聞他們在 1970 年 4 月 24 日執行暗殺蔣經國的事蹟，當時就非常佩服他們的勇氣。

2 月 5 日，好友葉國興傳來張文隆與吳清桂發表在「新頭殼」的紀念黃晴美文章，我才知道晴美姐已在 1 月 30 日過世了。從清桂姐的文章，我讀到陳婉眞向清桂姐表示在台灣爲晴美姐舉辦追思會有其困難。我馬上打電話給自才兄與文雄兄，表達台灣中社願意籌辦晴美姐的追思紀念會，我也約自才兄、文雄兄、葉博文兄、葉國興兄於 2 月 7 日

晚上在台北見面討論。當時原訂於 3 月 4 日舉辦紀念會，
也請台灣基督長老教會林偉聯牧師，商借了中山教會作為
場地。後來因考慮到出版紀念文集，需要多一點時間邀稿
與編印，才會將紀念會改到 3 月 25 日舉行，連帶地場地也
必須更改。幸好二二八事件紀念基金會董事長薛化元與執
行長楊振隆的協助，讓我們可以於 3 月 25 日下午 2:00，在
南海路的二二八國家紀念館舉行黃晴美紀念座談會。

2 月 22 日，我邀請文雄兄、自才兄、葉博文與賴秀如夫婦、
詩人李敏勇與蘇麗明夫婦、陳儀深教授、前衛出版社林文
欽社長、藍士博與王俐茹夫婦、莊程洋等人再度聚會，討
論紀念文集的邀稿與紀念會的流程。敏勇兄發揮詩人的文
采，馬上提出紀念會的主題為「天涯。人間。晴美」，寓
意於晴美姐是一位以行動熱愛台灣的人間俠女，卻因「424
刺蔣事件」，不得不浪跡天涯！

發生在 1970 年的「424 刺蔣事件」，對於台灣人而言，是
台灣人面對中國國民黨蔣家政權白色恐怖統治下，勇敢抵
抗的第一槍！對於黃晴美而言，她需要面對犧牲兩位至親，
一位是兄長，一位是丈夫，還有獨自扶養兩位稚齡幼兒的
抉擇！然而，她卻如此勇敢，整個事件從策劃到執行，她
都積極參與，當天還是她把手槍放在手提包，攜帶去紐約

廣場飯店的現場，再轉交給黃文雄。雖然暗殺行動失敗，但是他們勇敢反抗獨裁者的事蹟，應該讓世世代代的台灣人永遠傳頌，使台灣人的子孫了解，面對中國的霸權壓迫時，應該要勇敢抵抗！

如今，故事的女主角黃晴美已先行離開了，我們以簡單的紀念會與紀念文集，表達對她的追思！相信以後會有更多的文學、舞蹈、戲劇等創作，來歌頌這位偉大的台灣女性！在此，我也要感謝陳宗智、施純仁、陳健輝、葉博文等四位先生的贊助經費。感謝小提琴家張智欽、鋼琴家劉芝瑄在紀念會上演出撫慰心靈的曲子。在紀念文集方面，除了黃文雄與鄭自才的文章外，我要感謝下列人士撰寫紀念文，讓晴美姐的精神繼續流傳下去：吳清桂女士、陳婉眞女士、張文隆老師、王秋森教授、張文祺先生、歐洲台灣協會聯合會傅佩芬會長、周婉窈教授、陳翠蓮教授、台灣教授協會會長林秀幸教授、政治大學文學院院長薛化元教授，以及年輕的朋友劉璐娜、藍士博。更要特別感謝李江却台語文教基金會執行長陳豐惠，整理了王貞文牧師寫黃晴美的文章，以及多篇黃晴美發表於《台文ＢＯＮＧ報》的台語詩與文章，相當珍貴！

最後，我要感謝共同主辦紀念座談會的團體：台灣中社、

台灣北社、台灣南社、花蓮東社、台東東社、台灣客社、台灣社、台灣教授協會、台灣獨立建國聯盟、李江却台語文教基金會、共生青年音樂節、基進黨，以及協辦的二二八事件紀念基金會與二二八國家紀念館。

廖宜恩爲台灣中社社長、中興大學資工系教授

黄晴美

1939—2018

黃晴美年表

1939　12 月 24 日生於新竹湳仔（今湳雅）

1947　就讀桃園國小

1953　就讀新竹女中

1959　就讀台灣師範大學

1962　9 月得新竹女中英語教師聘書，回母校執教

1963　9 月獲得匹茲堡大學獎學金留學美國

1964　在匹茲堡與鄭自才結婚

1965　5 月 20 日女兒日青 Jeanne 在 Baltimore 出生

1968　6 月 3 日兒子日傑 Jay 也在 Baltimore 出生；全家搬
　　　去 Metuchen, New Jersey

1969　全家搬到 Jackson Heights, New York

1970　參與刺蔣小組；4 月 24 日協助刺蔣

1971　7 月通過蒙特梭利教師資並獲聘，獨立撫養子女
　　　鄭自才在瑞典獲得政治庇護，晴美與兒女由紐約飛
　　　往瑞典團聚

1974　年底與鄭自才離婚

1991　7 月 6 日與公共雕塑家 Percy Andersson 結婚

2018　1 月 30 日因心臟病逝世於瑞典

天涯・人間・晴美

黃文雄

雖小猶強：
我的鬥士妹妹

晴美終於「轉去」了。一月三十日，因爲大動脈病變，醫生不敢開刀。她雖然會四種語言，最後一小時左右開口卻全是母語，不知道她是不是已看到了去世多年的多將、卡將、兩年前去世的二弟政雄，和比她早走正好一百天的小妹勝美？

在給鄭自才的回憶錄寫的序裡，我曾把我們那一代的留美學生叫 Sputnik 世代，晴美正是其中一員。Sputnik 是蘇聯1957 年發射的人類第一顆衛星。在核戰陰影下的美蘇冷戰裡，那可不是小事一件。美國因此大量擴充大學研究所，自然科學之外，也及於社會科學。一般家庭的子女只要成績夠好，也因此有了留學的機會。可是，從專制鎖國的「中華民國」出走的 Sputnik 世代所看到的卻又是巨大變動中的

美國。衝出保守的一九五○年代，美國到處都是各種運動：民權運動、反越戰運動、反核武運動、婦女解放運動、生態運動、反南非種族隔離運動……並且擴及其他不少國家而成為有名的「六○年代」。1968 年，美國的詹森總統被迫放棄連任，法國總統戴高樂甚至被迫離開巴黎……

不難想見，雖然程度不一，沒有一個從 KMT 統治下出來的 Sputnik 世代，不論個人或團體，能完全不受「一九六○」年代的影響。海外台灣人運動就是一個團體的例子。在個人層面，它更改變了不少人的生命史和政治成長史。在這個 Sputnik 世代裡，晴美應該是一個值得一寫的案例。可惜因為種種限制（篇幅、時間、帶病八一老人的記憶力、兄妹長年各據天涯一方、長輩朋友和同學多已不在、記錄文件散失……），這篇短文只能先簡單介紹一下時代背景如上，並在這裡先聲明它必然的先天不足：只是一幅筆劃過少的素描。

讓我先說一個故事，
一把也許有助於認識晴美的鑰匙。

晴美這個身高一百五十四公分、大半生看起來像初中生的嬌小女性，平常非常隨和體貼盡責，在家裡是乖女兒，在

學校是好學生。但從小固執起來就絕不讓步。一個典型例子發生於從桃園國小畢業,那時我家正要從桃園搬回新竹。家裡有三男兩女五個孩子。公務員的家父大概是多年來籌借學費太辛苦了,就跟她說,新竹有個公費的(舊制)師範學校,搬回新竹後,她讀完新竹女中初中部以後,正好可以去讀。晴美聽到後氣得哭了,因為她成績一直都是前幾名,覺得爸爸簡直是重男輕女。雖然和她站在同一邊,我依稀記得曾經指出一點:雖然的確有很多父母如此重男輕女,像我自己也知道的幾個例子。但我那時讀的是台北市立工業學校的初工部電機科,回新竹讀的也將是新竹工職。她反駁說,誰叫你花那麼多時間在縣立圖書館看雜書閒書難怪平均成績不好(那時桃竹苗還是一縣,縣政府在桃園,圖書館在桃園國小旁邊)?如果你成績好一些,爸爸會要你去讀師範嗎?我只能說,那妳最好另想辦法說服爸爸,而她竟也真的想出一個辦法來。

在初中畢業後,晴美居然以前幾名考入北二女(今中山女中)。消息傳開後,桃園國小內外都引以為榮。原來,她靠一位同學大姐的幫助偷偷去考了。家父最後也只能把話收回,因為晴美指出,爸爸自己就偷偷去台北考過「台灣商工學校」(今開南商工,前身是日本殖民政府第一所訓練台灣人商工人才的公私合辦職業學校,程度比後來的高

職高，例如工科還教微積分）。反對「讀狗仔冊」的阿公不准他去讀，還得勞動爸爸母校北門國小（當年叫新竹第二公學校）的日本校長——身穿文官服，腰掛佩劍——下鄉來規勸。這在當時是故鄉親友鄉里都知道的事，我也只依稀記得，但晴美卻把它挖出來了〔註1〕〔註2〕。

要是有哪一點真惹了她，
這個乖女兒和好學生就是有這種堅持己見的爆發力。

我家搬回新竹後，初、高中她都讀新竹女中。我因為各種不「乖」（包括張貼一個公民老師曾犯貪污罪的舊剪報），記過、退學、留級都經歷過。在台北市工、新竹工職、嘉義工職、台中一中轉了一圈後，才轉學新竹中學。那時竹女有位陳偉老師，對晴美很好，住的宿舍也離我家不遠，因為偶然看到我的一篇作文而認識了。陳老師是位很風趣、很溫和、很溫暖的老師，我又常沒大沒小，後來變得有點亦師亦友。事實上不只我，至今都還有很多已經是老太太的學生懷念他。對我來講，他還另有一種吸引力：他曾經因為別的政治案件的牽連而被情治單位「約談」過三次，被關時間一次比一次長。我在竹中的英文和地理老師也有過類似的遭遇，他們也都是很棒的老師；我們班裡更有一個初中就因為義民中學案而被關過的歐阿港同學。大概是

因為自己的「不乖」經驗，我對這樣的人物都有某種同類感。

我高二或高三那年，陳老師第四次被「四進宮」了。陳師母（一位客家女性）整日以淚洗面，鄰居都另眼相看，親友遠在桃園縣，也絕大多數不敢去看她。晴美和我很想去，但雖然年紀還小，我們倒也知道必須謹慎小心。最後還是晴美想出一個辦法：充分利用她的矮小和我也不高而且是「嬰兒臉」假扮初中生，雖然她已在讀高一或高二，我則是高二或高三（因為曾留級一年）。她先換上初中制服，去陳老師家附近查看了兩次，發現似乎沒人監看。最後我也換上初中制服，一起去看陳師母。為防萬一，我們還有些設計，一些既能帶些物品給陳師母又有助於不讓人起疑的設計，可惜我已忘了細節。這簡直有點像後來刺蔣時我們合作的預先演習，後文我還會談到。

這是晴美性格的另一點：她低調，話不多，但善於聆聽，是英語所說的 a good listener。但只要鎖定目標，便不惜全力以赴，而且是細心以赴。

晴美大學讀的是師大英語系。之所以不選台大外文系而去師大英語系是有原因的。我們都喜歡英語，高中時就合資

買「林格風」（linguaphone）英語唱片，能放就放出來練聽講。這是一個天主教修女的建議：與其花太多時間讀文法或只練閱讀，不如把許多例句整批聽熟記熟，文法自在其中，而且直接有助於當時連英文老師甚至教授都最弱的聽說寫，聽熟「林格風」是個很便宜的另類「沉浸學習法」（immersion method）。後來晴美有機會和台大外文系的同學姊姊認識，覺得台大輕語重文，英文的聽說寫不很高明，又聽說師大有個採取密西根系統教學法的中心，有高科技的語言實驗室，還有很多外國老師，就決定專攻語言教學，報考師大，連我也間接受惠，認識了中心的一位美國老師，大大有助於在我在信義路的國際學舍交朋友、借禁書。除此之外，晴美有時很固執，心卻極軟，補償撫慰家父在「偷偷考北二女」事件所失的「面子」，可能也是次要因素。她對語言教學的興趣後來也發生了作用。後來她拿到留美獎學金，聽說英文自傳寫得好是因素之一。這也解釋了一向就擔心母語存亡的她，為甚麼一有機會回國，馬上和李江却台語文教基金會連繫，和執行長陳豐惠成為好朋友，自己學習研究母語書寫之外，並投稿捐款，有一年夏天還送女兒日青回家鄉學習母語。

但更重要的還在後面。流亡瑞典時，她瑞典語文學得很快，也很快找到教移民瑞典語文的工作，否則，瑞典雖然是福

利國家，她哪能在那麼多年裡獨自撫養一對兒女？而且帶得那麼好？更更重要的是，像她有一次跟我說的，獨立的謀生能力讓她有機會成為一個「更完整的女性，一個更完整的人」。這句話她可不是隨便說的。有多少 Sputnik 世代的（甚至比先生更優秀的）女性後來被鎖在母親和主婦的傳統角色裡？她看到的例子太多了。

很少人知道晴美曾是我的學姊。1963 年她申請到匹茲堡大學的獎學金，那年就到該校讀社會學研究所。那時我剛服完預備軍官役，回政大讀新聞研究所研二。她鼓勵我也去申請匹大，我申請到了，在 1964 年出國；所以在她和鄭自才結婚搬到巴爾的摩以及我 1965 年轉學康乃爾之前，我們確實曾是學姊弟。但更值得一提的是，1963、1964、1965年碰巧也都是極具時代重要性的年份。1963 年 Betty Friedan 出版 *The Feminine Mystique*（女性的迷思）這本開啟了第二波美國女性主義運動的書；1964 年的柏克萊言論自由運動是大規模學生運動的首場；1965 年的進軍華盛頓（March on Washington）則是第一場大規模反越戰示威。晴美 1964 上半年寫給我的信就提到 Betty Friedan（這點稍後再講），我從台北國際學舍的美國朋友也聽到的各地各種較小規模的運動，現在已經開始匯流、擴散了。台灣人也一樣，全美台灣獨立聯盟就成立於我到康乃爾的次年 1966 年。這就

是晴美和我這兩個 Sputnik 世代所看到、體驗到的美國。這股潮流，這波風暴在 1968 年達到最高潮，其間及之後頗有可記之事，但請容我略過這些年，談談 1970 年的刺蔣。

刺蔣四人小組賴文雄很晚才參加，事實上就只是鄭自才和我們兄妹。自才是自己人，我們兄妹間也從小就有很好的默契，除非賴文雄也在，其實不需要有多少討論。晴美話雖不多，事事細心的她一直在思索細節，就像前文說過的探視陳師母的經過，我們很快就形成默契。像槍怎麼帶到現場的事，「開會」時雖然談過，其實是我們事先去偵察廣場飯店現場時才一起決定的，包括怎麼趨近飯店，怎麼趨近飯店入口，用甚麼皮包放槍取出時最方便等等。計劃已定，各種可能後果也早已推算過，我們不再去想它談它，只有練習如有必要假裝是情侶該如何進行最好時，擁抱和牽手似乎比平常緊。

四月二十四日執行那天，我是這樣記憶的，就像晴美逝世後，我給老友王秋森的信所說的：

> 這幾天常常想起在 Plaza Hotel 南邊的巷子和旅社亭仔腳南端交角，她從手皮包拿出槍來交給我那一幕。她抱了我一下，抬頭看着我說"I love you"，動作鎮定自然，

臉上也看不出悲傷；只有我親她的前額時才看到她的
眼角有一滴閃亮的淚珠。然後我就得轉身走了，因為
CCK 的車隊已經到了中央公園另一端的轉角……

刺蔣意外失敗，大哥和丈夫被捕後，她有更多的工作才正
要開始：譬如說必須儘快開車到一座橋上丟掉家裡的另一
把槍、接觸律師、上法庭、探監，安慰家鄉父母親人……。
我和自才棄保逃亡後，又是遠渡重洋的另一串奔波，包括
丈夫後來被美國政府引渡，必須救援。雖然不是完全沒人
協助，許多事情必須有她以妻子的身份介入參與，而且她
必須找到工作，同時養活自己和帶大兩個孩子……。

最後我想談談作為女性主義者的晴美。我曾經以「讀不讀
師範學校」為例，說她是一個「天生」的女性主義者。事
實上，加引號的「天生」當然只是一個比喻。女性主義除
非已經融入社會價值和規範，必然還是對社會偏見與成見
的揭露、透視、衝撞和戰鬥。讓我舉一個近在家中的例子。
家父除了是有名的工作狂水利工程師外，還有模範丈夫的
美名：每月領到薪水後原封不動交給家母，要了點零用錢
之後，便忙他的工程建設去了；其他除了幫著張羅孩子學
費之類外，家中事務便都交給家母。公務員薪水不多，有
好幾個時期，家母得帶著孩子種菜養雞，替人做衣服，還

當選過模範母親。孩子中最大的是我和晴美，是她的助理。年紀雖小，我們也聞得出其中的不公、複雜和諷刺：尤其是晴美，因爲我雖然在家很乖（種菜養雞煮飯之外，我還曾是家母做衣服時的「折邊」、「燙邊」高手），但因爲在學校不「乖」而「遊學」四方，我的份額便大半落在她肩上。不只如此，家父又是如假包換的一心從公的工作狂，因此不像讀不讀師範學校那一役，連抗爭都沒有多少道德空間。（對家父部份有興趣的讀者請看〔註2〕）。

除了我這個「怪咖」之外，我家算得上是模範家庭，家父的「模範丈夫」得到別人——也就是社會——的承認和讚美（雖然也摻雜一些男性的奚落取笑），家母的「模範母親」還有國家的背書，但晴美和我因爲身歷其境又爲母親深感不平，對這種社會承認讚美和國家背書難免有些不知如何看待的保留和疑問，但年紀還小，我家又不是最壞的例子，當然還不知如何解剖透視。所以 1964 年她已注意到 Betty Friedan，一點都不令我驚訝。這不只是因爲我已經聽台北的女性外國友人說過 Betty Friedan，而且是因爲我馬上想到了我們當初曾有的保留和疑問。1963 年後第二波女性主義浪潮逐步擴散強大。她知道我常參與見習各種社會運動，見面便常問我婦女解放在進步組織裡的發展實例。除了來自這些組織內部的批判往往最尖銳之外，這也是因爲

她注意到台灣人的社區社團還沒有趕上潮流，她常因為同志難尋而感慨很深。

這裡不是討論女性主義或婦女權利的地方。晴美雖然不善理論，但她是個看清了問題和道理以後便會有自己的主意的人。所以最後讓我只舉一個很多人很感興趣但又覺得不便公開討論的話題為例，亦即她和鄭自才的離婚。

1993 年時我還在流亡，她有一次和第二任丈夫 Percy（一位公共雕塑家）去看我。那時她告訴我說，早在鄭自才因美國政府要求從瑞典引渡而落難前她就決定要離婚了，而且在 1991 年決定和 Percy 結婚前，也和瑞典進步圈子的人士是好朋友——包括一個瑞典左翼日報的專欄作家。但自才落難了，她自然要把這些先放在一邊去全力支持他，因為援救及後續工作裡有她以妻子的身份才能出力的必要角色。一直到他出獄為止，自才脫難後也因此才先分居而後離婚。因此對有些人諸如「茹苦含辛」、「賢妻良母」之類的讚美，她說她是「既領情又難以領情」。領情是因為讚美是出於善意，難以領情是因為她這樣做是根據她自己自主的價值和原則，並不是出於傳統的社會期待或誡命；那些讚美雖然出於善意，卻同時也在無意中貶低了她，也貶低了她對鬥士同志鄭自才的敬重和仍有的無關男女之情

的其他感情。比起七〇年代，現今台灣社會已經有較大的進步，讀者──尤其是女性讀者──應該能體會欣賞她對兩者的區分。

以她的脾氣，我知道她不會那麼容易自滿，但我相信我這個一百五十四公分高的妹妹，經歷了那些令人憐惜和欽佩的奮鬥鍛煉後，在臨終時已經是她所自勉、所追求的「一個更完整的女性，一個更完整的人」了。

比起其他篇章，這篇追思已經過長，最後我只想跟晴美說：預防想念妳時心裡太痛，我已經請阿青留下一小瓶妳的骨灰，將來要送回台灣舉行另一個葬禮。這回地點是法鼓山的生態葬草坪。比妳早走一百天的勝美已在那裡，這樣，妳既可以回到故鄉，又可以和小妹在一起，我們也可以隨時去看妳們。妳說這樣做好不好，Cecilia？

黃文雄為人權及其他社會運動工作者

〔註1〕我在 2018/02/21《鏡週刊》的專訪裡把這件事的時間記錯為晴美從初中（而非小學）畢業時。已商請該刊更正。
〔註2〕《刺客的老爸》家父黃耀輝葬禮紀念手冊，可在吳三連台灣史料基金會調借。家裡還有幾本，研究者也可以透過前衛出版社索取。

鄭自才

晴美與我

對於晴美的逝世，我的心情是既複雜又沉重的。

晴美與我都是在戰前出生的一代，歷經日本總督府的統治，太平洋戰爭戰敗後，在蔣家獨裁統治之下長大以及受教育。經過二二八事件、四萬換一塊（四萬舊台幣換一塊新台幣）及在進行中的白色恐怖統治。她是新竹人，新竹女中畢業後到台北師大讀英國文學；我是台南人，工學院附工畢業後讀成大建築工程，互相並不認識。1960 年代正是台灣白色恐怖風聲鶴唳的年代，在這種既恐怖又苦悶的社會裡，台灣的知識分子都在尋找可能的逃離出口，出國留學就成為名正言順的唯一出口。當時出國留學會造成風潮，是因為美國提供了大量的獎學金給外國學生，名義上是出國留學，但實際上是另外一種形式的移民，就是逃離獨裁極權

的社會，到自由民主的社會，去追求夢想與幸福。

晴美是在 1963 年、而我則是在 1962 年由台北松山機場揮別親情與台灣，飛越太平洋及新大陸來到美國東部的鋼鐵大城匹茲堡。她到匹茲堡大學讀社會學，我則是在卡內基美隆大學（前卡內基理工學院）讀都市設計。兩間大學就在同一條大馬路的兩側，離市中心大約 20 分鐘的車程。

美國東部的季節是四季分明，冬天是一片雪白，春天則是百花齊放。在校園裡經過一個寒暑之後，我認識了晴美，課餘或是週末我們都有約會，不是去聽音樂會演出，就是在校園附近的公園散步。我們不住在學校宿舍而是各自在校外租房子。有一天課後我去找她，我們就在一樓屋前的陽台上聊天，不知不覺就聊到深夜，等到要進屋子的時候，大門被房東上鎖了，她的鑰匙又放在房間裡面，又不好意思吵醒房東。只好繼續在陽台上東南西北，不知道怎麼會有那麼多的話！一直談到天漸漸光了，鳥聲也出來了，我們又到附近的公園走了一趟，然後疲憊又歡喜地各自回家了。

1963 年底我完成了碩士學位的設計，並且在 Baltimore, Maryland 找到了一份工作。準備離開匹茲堡，所以就向晴美求婚，結果她沒有馬上答應。我就先離開匹茲堡前往

Baltimore 上班。1964 年,黃文雄來到了匹茲堡大學準備攻讀博士學位,這是我初次與黃文雄認識。這一年晴美與我在匹茲堡結婚,婚禮的祝福中,除了朋友之外,黃文雄是唯一的親人。由戀愛到結婚是人生最美麗的風景。婚後我們就到 Baltimore 開始了在異國的家庭生活。我們租了一間沒有家具的公寓,買了一個新的床墊就放在地板上,沒有餐桌也沒有椅子,當然也沒有羅曼蒂克的氣氛,是真正的白手起家,但是我們是快樂的。1965 年女兒順利地出生了,把她取名日青,就是把晴字分成兩個字。我在建築師事務所努力地工作,設計了修道院的女子學校,內有教堂、教室、宿舍、餐廳及體育館。1968 年兒子日傑出生。

我是抱著一個遠大的建築師夢來到美國,所以我又在紐約市一家在國際上有名望的建築師事務所「Marcel Breuer」找到工作。1968 年我們抱著還在餵奶中的兒子先搬到 New Jersey,後來又搬到 Queens, New York。晴美含辛茹苦地照顧兩個幼小的子女,沒有父母及姊妹的幫助,只靠著一本在當時非常暢銷的 Dr. Spock 的育嬰書。

黃文雄與我策劃並執行了 1970 年的刺蔣事件,我們最大的力量來自於在背後默默支持的晴美,我的妻子也是黃文雄的妹妹,不但支持我們,還親身參與執行任務,就是在當

天把槍枝帶到現場，再交給黃文雄去執行刺殺。這種情操不是任何人可以做得到的，是捨我其誰的偉大情操。事件之後她不但承受了來自生活的壓力，其實最大的壓力還是來自於台獨聯盟的一些同志，尤其是我們棄保逃亡之後。一方面是擔心丈夫、兄長的生命安全，另方面又需要化解及承受來自台獨聯盟要人的壓力。一位有兩個稚齡孩子的媽媽孤單地面對來自四面八方的壓力，她的毅力與決心是值得敬佩。

1972年我取得瑞典政府的政治庇護，晴美帶著五歲及七歲的兒女由紐約飛越大西洋及歐洲大陸來到北歐的瑞典，全家終於在冰天雪地的 Stockholm 有個短暫的團圓。從此，晴美與兒女就在瑞典安頓下來，逐漸地異鄉變成故鄉，台灣成為遙遠的地方既熟悉又陌生。台灣把晴美遺忘在冰天雪地裡，可是她的心中永遠沒有忘掉台灣。就在2018年1月13日，我的回憶錄新書發表會之後的17天，也就是2018年1月30日上午十時，晴美安靜地在瑞典逝世。結束了坎坷又幸福的人生。

2018.2.28

鄭自才為藝術家、畫家，台北市二二八公園紀念碑設計者之一

吳清桂

晴美，
想要跟妳說說話

2018 年剛過的元月 30 日，台民來電告知妳已離開我們，我沒流淚，但很不捨，心中錯綜複雜、百感交集，徹夜難眠，如今，內心想要和妳的對話，也只能在天上人間了！

1970 年的 424 刺蔣事件，是我 1973 年到德國工作後參加了同鄉會才第一次聽到，但你們這些前輩卻已經轟轟烈烈為台灣人做出空前絕後的偉大事蹟。自才自美出獄後返回瑞典，而你們卻因各種不同理由而結束婚姻。離婚後的自才，在 1975 年到德國參加了歐洲台灣同鄉會，在那裡我們相識了。隔年，當我決定和自才共同生活後，第一次到瑞典，我主動提出要探望妳和日青、日傑二個孩子，後來妳親自告訴我，這樣的一個舉動，讓妳這個流亡的孤寂浪人深受感動，至此，我們有了異鄉被放逐的命運共同體的相

同感受。我們二家雖然獨立生活，但孩子們週末就在我們這個家，過年過節過生日幾乎都一起，甚至我和自才有爭執時，也是找妳談心，就這樣，我們感情像家人又像姊妹，直到我們離開瑞典到加拿大溫哥華，而你們母子三人仍然持續留在瑞典，台灣無法回去，瑞典已經成了你們的家鄉了。

溫哥華離北歐的斯德哥爾摩市十萬八千里，生活的重擔也壓得我們喘不過氣，當然就無法再和妳繼續享受這份親情。但我時刻記住瑞典還有家人在，特別我常常會告訴台民，哥哥和姊姊沒辦法像你一樣得到爸爸全心的關愛和照顧，以後一定要和他們保持良好的親密關係，至今，雖然身處異國，他們兄弟姊妹仍然有很好的聯繫和感情。

1990 年代的突破黑名單運動，我們一家被認定是最後最黑最不可能回家的人，當然包括文雄兄，但我們回家的心願和毅力是堅強的，在沒有接觸，也沒有約定下，1990 年 9 月我因父喪而跟國民黨展開爭取回家之路成功後，接著自才把台民送到日本，讓一個 12 歲的孩子單獨踏上完全陌生的父母的故鄉，之後自才也突破界限而回到近 30 年不曾踏過的鄉土。我們前仆後繼，個個擊破，沒有多久，在台北，突然接到妳的來電，得知妳也如願的回到久違 30 多年

的家，也得知爲了人身安全，妳和 Percy 先辦好結婚登記，之後，妳每年都會回去，我也每年期待你們的歸國，和你們敘敘舊。最後，哥哥文雄也踏上鄉土，台灣終於終結了黑名單！

2010 年在台北，我們約好見面時間和地點，而妳卻爽了約，待我再去電確認，才知道妳忘記了，Percy 說不是只有這次，我知道妳已經漸漸喪失記憶能力了。讓我回想起 2006 年，我和台民去斯德哥爾摩找你們時，妳就曾經提過，怎麼雙手開始覺得會抖，行動較不那麼靈敏，那時應該就開始有了輕微的退化現象了，沒想到速度竟然比我們想像還快。這二年，日青跟台民提到，很後悔當初年少時沒有跟媽媽學台灣話，以後當媽媽退化嚴重到只會聽母語時，也就無法可以和媽媽溝通了。我聽了後感到很心酸，但還沒等到這一天，妳竟然先走了，難道妳不想爲難兒孫們？

去瑞典找妳時，曾經和妳提過，我認爲該有人爲妳寫傳記，不管是站在革命女性的角度或革命的獨立運動史上，都應該要留下妳該有的歷史定位，因爲妳仍然沒有在台灣民主運動發展史上留下痕跡，時候應該成熟了，但是，妳卻說，妳要自己來寫。其實，我那時就心知，妳可能心有餘而力不足了，只是，還是尊重妳的想法，很後悔當初沒

有堅持。

我們都因為自才，生命有了交集，是他的妻子、親人，也同樣成為他的前後任妻子，命運有很多相同之處，同樣得在異鄉流落立足，但我羨慕妳有疼愛妳的 Percy，還有兒孫陪伴，直到永遠……；而我卻得獨自面對現實，生命對我來說還是有很多挑戰，但妳已經做完了功課。妳選擇了自才發表 424 新書後離開，可見這是該有的連結，也顯示台灣人應該要給予妳應有的歷史定位。

和妳說了這麼多話，有一些可能是妳不知道的。這幾天，人遠在溫哥華，我心急的電訊台灣的婉眞姐，是否有人該為妳舉行追思會，我眞心希望台灣人能透過追思會認識妳，但得知的消息是有其困難度。很感動婉眞姐特地跨海聯絡了美國的朋友，希望眞的能有機會舉行追思會，那麼我們又可以再度相聚相敘，讓我陪妳走最後一哩路，希望來生我們再一起當台灣人，當好姊妹。晴美姐，安息！

吳清桂

槍與玫瑰：
她是永遠的勇者

1973 年命運之神把我從小小的島嶼震盪到先進歐洲德國，這樣的轉折，改變了我的一生，由此而展開一段新的生命旅程。

1976 年，德國三年合約期滿，即將面臨回台，就在此時，認識了住在北歐瑞典 424 刺蔣案的鄭自才，他歷經了刺蔣、逃亡、引渡、坐監、離婚等等不同際遇而落難於冰天雪地的北國，那次到德國參加全歐台灣同鄉會，我們在那裡相識相戀而結婚，這段無法詮釋的婚姻，維持 33 年終告結束。

當年，帶著二個稚兒在冰天雪地瑞典斯德哥爾摩市落腳的黃晴美，更是經歷一段漫長風聲鶴唳、驚心動魄、荊棘重重的生命歷程。此時，和自才離婚後的她，已遠離了台灣

的政治風暴圈，回歸平靜的生活步調，教學，育子，為她、為她的孩子們，努力在異鄉築起一個安穩的生存空間，因為，毫無選擇的，故鄉台灣已無法有立足之地。

我決定和鄭自才共組家庭後，首次到斯德哥爾摩市，我請求自才安排我和晴美相識，理由很單純，我們有共同的孩子要相處，愛屋及烏，孩子們需要安定和諧的家庭生活環境。另外，重要的是在北國異邦，唯有幾個台灣人，大家彼此需要相扶持，更何況晴美和自才的緊密關係。其實，當時自才有一點難色，當年，他們的關係還處在不協調的緊張局勢。最後，還是見到了晴美，這是一個美麗的邂逅，晴美事後提起，仍有感動。也因為如此，日後，我們兩家人各自生活，相互扶持，相互關懷，情同姊妹，又都是孩子們的媽媽，但其實，我的內心深藏著對她的一股莫名的敬意。

槍和玫瑰自古以來就是打破威權統治者的革命手段，柔性的玫瑰戰爭不易，舉槍更是殺頭革命，是非常時期的非常手段，成者為王，兩者各有其功能。經歷 424 刺蔣案後的自才和晴美都回歸了平靜的日常生活。遠離了台灣人的集體意識的自才，猶如由一個小型監獄被放逐到了一個無形的社會監獄而自悶，一心掛念台灣，卻無法伸展，鬱悶不樂。

晴美背負著生活重擔，但堅毅的她，沒有被擊垮，反而因爲長期抗爭而累積了無限的能量，建立廣闊的社會人脈資源。60 年代後的二大國際社會潮流，一是美國以金恩博士建立的黑人運動，另一個是左派的社會思想運動，再加上女權運動也蠢蠢欲動，晴美處於這樣的社會潮流中，加上自小就有的公義人格特質，影響了她日後的生命態度。

瑞典是社會主義國家，也是出了名的國際救援國家，當年南美洲和非洲的獨裁抗爭運動，引爆很多政治難民。瑞典的 AI 救援組織行動力強，搭配政府的力量，收容了很多政治難民。自才和晴美就是在這樣的情境下，能夠在瑞典得到保護，平安生存，甚至連我婚後被國民黨取消護照，也即時被收爲政治難民。但自才被迫引渡至美判刑，也因爲瑞典政府的錯誤政策，而導致民間極大的反彈和抗議，晴美當年受到民間救援組織強力支持和援助，還有她堅強的意志力和行動力，才能完成這波的艱困浪潮。（這是另外一個章節）

或許是基於對瑞典社會的回饋，晴美日後積極參與社團，尤其是國際救援組織的行動。

在我的婚姻生活中，尤其是在瑞典的日子，不知道是生活

的重擔或不想回憶，424 的案件成爲隱性的自然生態，在家庭中，沒有人提，我也不曾問過。我只知道她要承擔夫婿和大哥所留下的沉重重擔，但不知道 424 那把沉甸甸的「革命之槍」曾在晴美嬌小的身軀內瀏覽過，更不清楚他所負荷的重量有多深，心路歷程有多沉重。當她細心、鎮靜且成功的把槍交給行槍的大哥時，內心的感受又是如何？可惜，她沒有留下片語就默默離開了，這樣的一個勇者的情操，也許只有留待日後歷史的追溯。

在她後半生的浪跡生命，和台灣幾乎是脫節的，但卻心繫台灣。勇敢的她，在黑名單尚未完全解除之前，她默默著，成功的回到 30 多年不曾再踏進的國門，接著幾年，年年攜夫婿返家，享受鄉情和親情。可惜，命運捉弄，晚期失智，她和台灣的連結又被中斷，直到生命的終點。

晴美，她，是一朵壓不扁的玫瑰，永遠堅毅的矗立在我們台灣人心中，綻放著美麗的芳香！台灣人追溯她在台灣歷史上的定位是迫不及待的！

王秋森

憶黃晴美

黃晴美於 2018 年 1 月 30 日在瑞典首都 Stockholm 近郊過世，享年 79。憶起晴美對台灣獨立建國運動的默默付出，令人有無限感念。

柳文卿人權事件

第一次與晴美見面是在 1968 年 4 月 5 日。當天中午，80 多位台灣同鄉到座落於華府（Washington, D.C.）的日本大使館，抗議日本政府於 3 月 27 日，以逾期居留的理由將台灣青年獨立聯盟盟員柳文卿遣送回台。抗議隊伍先在市中心區遊行，然後走往日本大使館；中途經過蔣政權的大使館，站在其對面齊聲高呼抗議口號。抵達日本大使館後，由全美台灣獨立聯盟首任主席陳以德進入遞交抗議書。

遊行隊伍於下午 3 點解散後，約有 20 多位聚集在全美台灣獨立聯盟盟員蘇金春的住處開會。下午 5 點許，當大家準備離開時竟無法出門。原因是非裔美國人的民權運動領袖馬丁‧路德‧金（Martin Luther King, Jr.），4 月 4 日在田納西州孟菲斯（Memphis, Tennessee）被白人優越主義份子射殺。非裔民眾今天下午在華府市區發動激烈示威，美國國民警衛隊迅即進入市內實施戒嚴。蘇金春的公寓有一房一廳，當晚女生睡在臥室裡，男生擠在客廳睡地板。第二天上午戒嚴解除後，大家即迅速驅車離開華府。

參加遊行的女生之中，黃晴美（鄭自才的妻子）、施雪惠（呂天民的妻子）、和內人芳子都已懷孕，她們挺著大肚子全程參與。晴美和自才的兒子日傑即在這一年出生。

刺蔣義舉

第三世界人民於 20 世紀 60 年代掀起的一波波民族解放運動怒潮，對台灣獨立建國運動人士產生極大的激勵作用。因此在聽到蔣經國將於 1970 年 4 月赴美訪問的消息後，有些人就有對他採取激烈手段的想法。4 月 23 日蔣經國自華府飛抵紐約市，預定於翌日出席遠東美國工商理事會在廣場飯店（The Plaza Hotel）所設的午宴。台灣獨立聯

盟美國本部乃於 4 月 24 日發動示威遊行，我因住在雪城
（Syracuse）沒去參加。傍晚，我從雪城大學開車返家途中
打開收音機，才聽到黃文雄於中午在廣場飯店門口對蔣經
國開槍，而與當時也在現場的鄭自才一起被捕的消息。

刺蔣行動是鄭自才策劃後，邀黃文雄（晴美的兄長）和賴
文雄參加的，晴美則從頭就支持這項計畫〔註1〕。行動當
天，由晴美負責將槍藏在手皮包中帶到廣場飯店外邊交給
黃文雄。今年 1 月 30 日晴美過世後，黃文雄在他寫給我的
信中說：

> 這幾天常常想起在 The Plaza Hotel 南邊的巷子和旅社亭
> 仔腳南端交角，她從手皮包拿出槍來交給我那一幕。
> 她抱了我一下，抬頭看着我說 "I love you"；動作鎮定
> 自然，臉上也看不出悲傷；只有我親她的前額時才看
> 到她的眼角有一滴閃亮的淚珠。然後我就得轉身走了，
> 因為 CCK 的車隊已經到了中央公園另一端的轉角……

刺蔣義舉是台灣人針對外來統治集團權力核心的直接出
擊。它宣示了台灣人的心聲，也給獨立建國運動帶來了空
前的鼓舞作用。黃文雄與鄭自才被捕後，大家積極進行募
款，將他們保釋出來。經過一年後的審訊，紐約州高等法

院預定於 1971 年 7 月 6 日宣判，但黃文雄和鄭自才都沒到庭。有一些人對他們的棄保潛離甚感不滿，對晴美施加了極大的壓力，要她勸他們回來接受判決。晴美並未屈服於這些壓力。我認為黃文雄與鄭自才是為了台灣前途而觸犯美國法律，他們的行為完全是基於政治的動機，卻被美國法庭依一般罪行加以審訊。台灣人沒有理由要求他們接受這樣的判決。

引渡司法

鄭自才於 1971 年 6 月 25 日離開美國，首先落腳瑞士，嗣於 7 月 14 日轉往瑞典。11 月 20 日，晴美帶著日青（6 歲）和日傑（3 歲）從紐約遠赴瑞典與自才重聚〔註 1〕。

詎料瑞典政府竟應美國的引渡要求，於 1972 年 6 月 30 日逮捕鄭自才。雖經晴美與國際友人聯手努力營救，瑞典最高法院仍判決同意引渡。鄭自才於 8 月 31 日獲知瑞典政府的決定後開始絕食，50 多位瑞典年輕人陪晴美在監獄前抗議。9 月 4 日，在許多國際友人的激烈抗爭下，已進行絕食多日而陷入昏迷狀態的鄭自才被押送到瑞典首都 Stockholm Arlanda 機場，晴美帶著年幼的兒女眼看著他被帶上飛機。起飛後不久鄭自才的昏迷狀態更趨嚴重，飛機因

此在丹麥國都 Copenhagen 機場降落，稍後由另一架飛機將他載往英國倫敦。英國政府基於主權國家立場，決定將他留在英國。數日後，美方向英國政府提出引渡申請，啓動長達 7 個多月的引渡司法程序。在這段期間，晴美隻身在瑞典維持生計，養育兒女，並數度前往倫敦探監及奔走營救。

英國最高法院於 1973 年 4 月 16 日判決同意引渡。鄭自才於 6 月 14 日被兩名美國聯邦幹員從倫敦帶回紐約市，嗣於 8 月 8 日被紐約州高等法院以企圖殺人及非法持有武器兩項罪名各判 5 年徒刑，同時執行。

萬里探監

1973 年 8 月 22 日，鄭自才被發送到雪城西南方約 50 公里的奧本（Auburn）監獄。希望去探監的人須先辦理申請，一週只能探視一次。當時我在雪城大學執教，通常在禮拜日去看他。

留居瑞典的晴美和日青、日傑，到 1973 年耶誕新年假期才能去美國探監。獄方考量鄭自才被發送到奧本監獄後，在瑞典的妻兒無法來看他，所以允許他們在假期中每天去探視。晴美和兩個小孩於 12 月 23 日飛抵雪城後住在我家，

因為每天要去奧本，我請就讀於雪城大學的郭勝義與我輪流接送。在那段時間看到晴美面對困境，默默地承受壓力，沒有一句怨言，我心中的感觸真是難以言喻。由於行程的安排，晴美和日青、日傑訂於 1974 年 1 月 3 日前往加拿大 Montreal。我與僑居 Montreal 的張維邦約好，當晚由我從雪城送他們到兩地的中點，交由他接回 Montreal。車子在風雪交加的加拿大 401 公路上緩緩行進，曾數度在冰雪上滑行。在 44 年後的今天回憶當時的情景，仍有很深的感受。

鄭自才於 1974 年 3 月被移到紐約市北方的渥爾基爾（Wallkill）監獄，嗣於 11 月 25 日獲得假釋。當初瑞典政府同意美國引渡時，曾承諾鄭自才將來可回瑞典居住。所以他假釋出獄後，於 12 月 3 日飛回瑞典。

令我深感意外的是，鄭自才回到瑞典之後不久，晴美就要求和他離婚。他們決定先分居然後辦理離婚，兩個小孩由晴美撫育。

雙親北歐行

黃文雄執行刺蔣計劃之後，在台灣被限制出境的雙親日夜想念看她一面。經過多年爭取，他們終於能在 1980 年夏遠

赴瑞典與晴美會晤。8月1日晴美寫了一封長信給我，信中提到：

這兩個星期來總是有個剛剛做過長夢的感覺。我的父母親照原定計劃於6月3日到達。在瑞典住了一個月。7月3日起我陪他們到阿姆斯特丹、日內瓦、羅馬、雅典遊歷了10天，於7月13日在雅典機場把他們送上往香港的飛機。看著飛機起飛，恨不得也能跟他們一起飛去。

17年了，有太多的話要講、問題要問，但是考慮到他們回去後必通過的「訪問」，三個人所說的話都要先在腦子裡過濾過……

我爸爸媽媽這趟出來所抱的願望只實現了一半，他們（甚至弟妹們）當然都存有見到我哥哥的希望。為了不讓媽媽太傷心，因而影響到她的身體，我騙她說：「有非常間接的聯絡，知道他一切都好。至於來和他們見面，則沒有可能，因為他們之能出來旅行並不能將之看成和其他人能出來那麼單純。」為了兒子的安全著想她接受了，只希望他會好好照顧自己。對弟妹們我則在電話中對他們說了實話：「我和哥哥，跟以

前在信中所說的一樣，一直沒有聯絡。因為如果有人
要找他的話，一定會從他的妹妹這邊著手。我相信沒
有消息就是好消息。如果發生了事情，一定會有人通
知我。」並且還要求他們不要拆穿了我對爸媽說的謊
言。

返鄉之旅

最後一次與晴美見面是在台灣。我於 1991 年秋回台大執
教。1996 年春天，黃文雄結束了 32 年的海外流亡生活回
到故鄉。在他返台後不久，晴美和她的第 2 任丈夫瑞典雕
刻家 Percy Andersson 一起來台灣。晴美的弟弟富雄安排我
們在他的家裡聚會。記得當晴美聽到院子裡有台灣品種的
芭樂樹，就立刻去摘樹枝上的小果實來品嚐。她說非常思
念年幼時吃的芭樂味道。

晴美為了台灣獨立建國的理想毅然參與 424 刺蔣義舉，而
在鄭自才和張文隆合著的《刺蔣》新書於今年 1 月 13 日發
表後安祥地離去。鄭自才的第 2 任妻子吳清桂曾向晴美提
過應有人為她寫傳記，在台灣獨立建國運動史上留下紀錄，
但晴美卻說她要自己寫〔註 2〕。以前晴美十分勤於動筆。
1985 至 1989 年間，我與多位友人在美國洛杉磯發行《台

灣新社會》月刊，晴美常爲月刊撰稿。可惜她晚年記憶力逐漸減退，竟來不及寫下她以勇氣、毅力及默默付出所編織的一生經歷。在追思晴美的同時，期望大家能協力儘早爲她塡補這段歷史的空白，也期待有濟濟少年人能像她那樣爲台灣獨立建國打拚。

王秋森爲台大公共衛生學系名譽教授、公衛學院前院長

〔註1〕鄭自才、張文隆著：《刺蔣：鄭自才回憶錄》，允晨文化，台北市，2018年。
〔註2〕吳清桂：〈晴美，想要跟妳說說話〉，參本紀念集。

張文祺

沉思伊

1969 年春，敝往新英格蘭區進行組織工作，發生車禍負傷返紐約後，晴美姊送來一鍋很好吃的紅燒 Short Ribs（牛），如今這已快是半世紀前的往事。

晴美逝于一月底的一個寒冬，她無言離開人世走了，走向太明，走向大渺……。

七千里路雲和月，命運如斯，她年輕從新竹到師大，留美又從紐約單獨帶著兩個小孩自紐約遷居斯德哥爾摩，曲折生涯，真若幻夢走影，越過太平洋、大西洋……。

1966 年在《台灣人》刊物讀到連載的「經太環事件」（Jin Affairs），譯者就是晴美，時原住匹茲堡的她已搬至巴爾

地摩。1968 年初，我才在新澤西州看到晴美一家，他們有個美好安定的家庭生活。

1970 年 4 月 24 日那天，晴美陪著擒槍的黃文雄，鎮定繞過布拉薩旅館，說時遲那時快，一槍擊中蔣子經國正將走進的旋轉門。于是晴美的夫兄雙雙被捕入獄。

這時住在紐約市皇后區羅斯福路的晴美，育有一女一男，他們映現台灣人集體命運的飄泊才正序幕。現晴美兩位子女與四個孫子均住在瑞典，台灣人的反抗與時代變局，使出生美國的菁與傑流徙落腳冰天雪地的北國環境，他倆是我們台灣人散落北歐的後代，其中有段我們台灣人不能輕易忘記的歷史。愴然憶及他們孤獨的顛沛經過，仍然不禁內心哀慟。

1971 年末晴美一家才剛抵達斯德哥爾摩，本來以為可以家庭團圓的一個新的開始，卻旋因鄭自才遭瑞典政府逮捕交予美方秘密人員押回美監禁，面臨破碎的悲序。其後晴美隻身帶著兩個小孩數次坎坷長旅至美探監，來回經過相隔的大洋與天空，幸賴有同鄉側助接濟。

運動路上，不幸人與人間並不盡圓滿，晴美遭遇人間冷暖，

但這位堅強的台灣女性始終無怨，心理相當平衡，一直保持和悅的修養，對于無謂的糾葛與話語全不再在意。畢竟，一個人嫉憤痛心，只會傷害到自己，生旅順逆處之坦磊，晴美為我們留下了一個典例。

90 年代，晴美常從新店到台北，熱心參與台文研習活動。台灣人政治運動與母語文化的密切關係，應屬自明無庸爭議，但這亦是我們對于當前膚淺政客光只是掛意著選戰的憂慮。

將快過年，台灣的櫻梅放蕾在即，此間枯檟枝上的黑鳥咯叫了幾聲，不覺中卻仍嗅聞到白花的清香。歲末冷冽的空氣下，晴美已啓程他旅，昔日的同志與各地的友人亦都來了，熟悉的臉龐與身形隱約呈露：包括已逝的賴文雄，以及素貞、戴振男、康泰山、張玉美、鄭紹良、黃美玲、林水泉、呂天民、Yuki、張維嘉、王秋森、Yukiko、陳淑燕、李文卿、李麗花、邱南薰、Darcy、蕭伶玲、劉璐娜等……。

過去黑白是非憂悒，早已消失在我們存在的地平線上。晴美，安息！

張文祺于瑞典 Uppsala 追悼

〔註〕　張文祺先生追思文，原於台灣2018年農曆年前夕自瑞典寄回台灣，經謄打後，於2018年2月28日《民報》刊載。以茲追念！

陳婉真

敬悼台灣女性的典範
黃晴美女士

人世間有時會有一種奇妙的連結，把不同世代、遠在天邊的人們緊緊的聯繫起來，在黃晴美女士過世後，我更有這種感覺。

1979 年美麗島大逮捕後的第一時間，許信良在那篇〈台灣建國聯合陣線成立宣言〉中揚言要讓國民黨政權從地球上消失，正在美國訪問、具名簽署參加聯合陣線的我就有終身無法回家的心理準備。然而，由於一些因素，接下來聯合陣線卻幾乎坐困愁城，無法施展。

就在那時，有越來越多同鄉有感於台灣人缺乏自己的媒體，包括各地救援行動等許多活動被嚴重扭曲，不斷勸我去辦報，我總是回說，現在拿槍都來不及了，還辦什麼報紙。

許信良卻雀躍不已，認為辦報是重新出發的最好途徑，《美麗島週報》於焉誕生，許信良擔任社長，我是總編輯。

1980 年 8 月，歷經辛苦籌備的《美麗島週報》終於出刊，不久，張維邦建議我說，週報可考慮規劃做一個「424 刺蔣事件」11 週年的回顧與檢討，我心想，這麼一來等於宣告和台獨聯盟決裂，以那時台獨聯盟在海外獨大的情勢，在島內那麼多同志還在牢籠亟待救援的彼時，我其實是傾向暫時不做，想不到開社務會議時，許信良考慮沒多久後說：「好啦，就這麼做！」他的目的當然是要打開四處被台獨聯盟圍堵的一條生路。

一直到今天，要探討 424 事件，還是以 1981 年《美麗島週報》的專題最為完整，只是事後果然引起台獨聯盟的強力反擊，甚至因而催生了它的機關報《公論報》的誕生，而許信良的處理方式就是藉故把張維嘉和我逐出美麗島週報社，以平息台獨聯盟的怒火，真正的原因是他隱約感覺到當時大力支持《美麗島週報》的一群人是有組織的，他無法容忍被架空；而且那時史明已經獲准赴美，他和史明之間已談好合作計畫。

的確，那一群人就是在 424 事件後離開台獨聯盟，並強力

支持鄭自才和黃文雄行動的朋友，散居在歐洲、加拿大及美國，也和日本的史明結合，成立一個名為「獨立台灣新民會」的組織，張維嘉也要我加入，不久我因為不斷質疑內部的一些問題，導致我和張維嘉的婚姻關係也日益惡劣。

就在那個時候，黃晴美到美國，特地去找我們，那是我和她唯一的會面，但我們一見如故，我們一起到舊金山等地旅遊閒聊，我們坐在史丹佛大學校園裡聊天的情景彷如昨日。

永遠記得她談到鄭自才即將從瑞典被引渡到美國坐牢時，她如何結合瑞典的朋友們在機場強力抗爭的情景，想到她丈夫及哥哥雙雙被捕又棄保逃亡，她一個人帶著兩個稚齡子女從美國遠赴冰天雪地的瑞典，一方面要重新適應新的環境，同時要獨自負起養育子女的責任，又要為丈夫的生死問題四處抗爭，連最激烈的絕食抗議都做了⋯⋯。

她的個子不高，外表樸素，在訴說那些經過時，語氣平靜，永遠面露微笑，就像在說著一件平凡無奇的事情一樣，我的內心卻不斷翻騰，很難想像是什麼力量促使她能如此堅強走過來。

對她而言，一邊是親哥哥，一邊是自己的丈夫，任何一個人當刺客，都可能面臨被當場擊斃的結果，她卻始終知情，而且義無反顧，全力支持；而那時我還沒有問到那麼細的細節，不知道行刺蔣經國的那支槍，就是她拿到現場親手交給她哥哥黃文雄的。

我特別問她，和自才兄的婚姻關係是在什麼時候發現無法存續下去的，她說，其實在事情發生前就有問題，但是，因為發生了這件事，她無論如何要力挺，因此直到整個事件結束後，他們才辦理離婚。

我想起早年陳菊在郭雨新辦公室時，桌墊上常夾著一些勵志語句，其中有一句：「身不得男兒列，心卻比男兒烈。」也常以秋瑾自況；漢人的傳統思維，女性就是要「三從四德」；而日本人在台灣辦女子高等學校，也無非是要教育女性如何成為一個賢內助，女性是沒有自己的獨立人格與個性的，在這樣傳統的思維與教育下，黃晴美卻在自己最親的兩位男性面臨生死關頭時，她選擇全力支持，也為此付出極為重大的犧牲與代價，她沒有呼天搶地、不怨天尤人、不求任何回報，孤寂堅毅的走過上半段人生，雖然老天給她的第二段婚姻相當幸福，但這樣一位台灣女性的典範，應該長留青史。

最近這十多年來，和她同住瑞典的張文祺常回台灣，我們偶有聯絡，每次我都會問他晴美姐好嗎，從文祺那裡得知她受失智症所苦已經有一段時間了，但我反而為她感到慶幸，像她經歷過這麼波濤洶湧的淒苦歲月，失智症對她而言或許是老天想幫她解除那些痛苦的回憶吧。

晴美姐，再見，再見，我們會努力把妳轟轟烈烈的人生故事讓更多人知道，因為現在的台灣人最欠缺的就是如妳一般的智慧、堅毅與勇氣！

陳婉真為前民報董事長

陳豐惠

紀念溫柔、堅定 ê 母語
運動者：黃晴美

二月初聽著晴美姊 tī 瑞典過身 ê 消息，雖 bóng 心肝 tiuh-tiuh 疼，但是 koh 有淡薄仔感覺伊 tsiânn 有「福氣」——除了伊 thang 脫離幾若年來 ê 失智以外，聽講過身進前無艱苦佫久；顛倒是對晴美姊 ê 翁婿 Percy——八十幾歲 ê 藝術家紳士——tsiok oh 承擔這个意外 ê 打擊感覺真毋甘。

大部份了解四二四刺殺蔣經國事件 ê 有志大概 lóng 知影晴美姊是參與這个事件 ê 其中一个，但是應該真少人知影，晴美姊除了是台獨運動 ê 行動者，mā 是溫柔、堅定 ê 母語運動者。

講晴美姊是溫柔、堅定 ê 母語運動者，因爲伊用溫柔 ê 聲嗽 kā 別人講伊對「漢羅合用」台語書寫 ê 認同，而且雖

bóng 倚六十歲 chiah 有機會開始學習台語讀寫，眞短 ê 時間內就親身實踐，認定台語讀寫是台灣人 ê 本份，家己無行動 bē 用 -- 得；就算伊已經有嚴重 ê 失智症頭，這幾多有機會用 skype 通話 ê 時，伊笑笑直直重複 teh 問 -- 我 --ê 總 -- 是：「最近台灣 ê 母語運動啥款（Tsuè-kūn Tâi-uân ê bó-gú ūn-tōng sánn-khoán）？」心心念念 --ê 攏是台灣 ê 母語。

Bē 記得是 1999 年 iah 2000 年 ê 時 kap 晴美姊結緣 --ê，伊當初大概是聽黃文雄先生講 --ê，一旦有機會轉來到台灣，為 beh 支持台灣母語運動 mā 想 beh 了解相關資訊，就主動 kap 李江却台語文教基金會連絡，m̄-nā 參加活動，koh 不時捐款。伊主動講伊讀《台文通訊》、《台文 BONG 報》雜誌了後，感覺用母語 tsiah 有法度寫家己眞實 ê 想法，就用家己學其他語言 ê 方法加減試寫台文作品，想 beh 記錄家族 ê 故事。

Tī 某一擺開講 ê 時，我邀請伊替《台文 BONG 報》雜誌「台灣人寫眞」專欄寫稿，伊隨就答應，但是希望我一定 ài 替伊看稿，伊驚家己對台語文用字 ê 掌握 iáu 無夠好勢；面對經過 tsiah-nī 濟苦難 koh tsiah-nī 謙卑 ê 長輩願意用母語寫家己 ê 家族故事，實在眞歡喜，就 án-ne 開始一篇一篇〈追想

四二四事件 kap gún tau ê 故事〉編輯校對 ê 過程。

2004 年 3 月份，晴美姊特別配合「台文通訊海內外讀者聯誼活動」調整轉來台灣 ê 時間，kap 加拿大、日本、台灣 ê 讀者 hām《台文通訊》幾若任編輯熱烈交流、開講，我 tuì 難得 ê 聯誼活動相片看著目睭光 sih-sih、心滿意足 ê 晴美姊。

晴美姊心思幼膩，溫柔體貼，寫好 ê 文章 lóng ài 讀 -- 過 koh 再讀，感覺有順 tsiah 會放心。可惜〈追想四二四事件 kap gún tau ê 故事〉寫七 pha 了後就暫停 --ah，晴美姊 hit 時是講伊認為有寡資料 ài koh 走揣 kap 查證 tsiah ē-tàng 繼續寫，後 -- 來 mā 毋知啥原因 lóng 無 koh 寫；實在真遺憾！除了家族故事，晴美姊 2002 年主動建議 beh kā 瑞典「囡仔權利公約連線」團體 tùi 聯合國〈囡仔權利公約〉改寫了後 tī 國內推動 ê 內容翻做台文 thang 刊 tī《台文 BONG 報》，這个系列 mā tī 雜誌連載幾若期，紀念文集 kan-na 收錄一篇，若有 beh 看其他篇 --ê 歡迎連絡李江却台語文教基金會，hit 時 ê 合訂本有收。

十外冬來有一段時間，晴美姊平均一冬 kap 藝術家翁婿 Percy 轉來台灣一擺，若有轉 -- 來，攏會 sio-tshuē。Kap 樸

實 ê 晴美姊 hām 藝術家 Percy 翁仔某做伙是 kài 特殊 ê 經驗,
晴美姊總 -- 是滿面笑容,台語、瑞典語、英語三款語言隨
時切換,看情形做通譯,聽 in ê 對話,雖 bóng 眞濟內容聽
無,m̄-koh 我攏感覺 tsiak 享受,因為 tī 目睭前 --ê 是一對天
使;會記得 Percy 有泅水 ê 習慣,koh 不時用色筆 teh 畫圖,
m̄-nā 送我幾若幅伊 ê 作品,有一擺 koh 刁工送我一个伊手
工雕刻 ê 筆架。晴美姊 mā bat 送我瑞典製 ê 動物圖杯 tsū 仔
kap 餐桌 tsū 仔,攏是 tsiak 感心 ê 同志情誼。印象 tsiak 深 --ê
是有一擺 kap in 翁仔某做伙去浸礦水,guán 赤身露體 ná 浸
ná 笑談(tshiàu-tâm),he 是我頭擺無穿泅水衫去浸礦水,
但是 lóng bē 驚 kiàn-siàu,顛倒感覺 tsiak 輕鬆自在。事後便
若回想著 hit 時 ê 情景,攏想講 he 凡勢就是「天堂」。

幾若十冬 bē 得轉來台灣 ê 晴美姊,便若有機會轉 -- 來,一
定把握機會 sì-kuè 行踏,伊生活一向樸實勤儉,但是 tsiak
gâu 經營心適 ê 生活,像講挽路邊 ê 春仔花 pinn 做花環做
粧 thānn,ah 若上興(hing)--ê 就是買幾支仔滷雞跤沓沓仔
tshńg、聊聊仔 khuè。

Uān-nā 寫,頭殼內 koh 浮出有溫柔笑面 ê 晴美姊 kap 你輕
聲細說 ê 講話聲,siàu 念 ê 話句 kénn tī 心肝 ínn 仔個外月 --ah,
一直躊躇 beh 寫啥 khah 妥當,想想 --leh 就寫 khah 無人知 ê

你 ê 另外一條運動跤跡;上尾 beh kā 你講:我 beh koh kā 你攬 -- 一 - 下,感謝 -- 你!晴美姊,期待再相會!

陳豐惠爲李江却台語文教基金會執行長

黃晴美、黃文雄兄妹與陳豐惠合影於碧潭。

王貞文

野草莓開花 ê 所在

佇新冊發表會遇著黃晴美，真正是想袂到 ê 歡喜。

想起 2001 年佇瑞典佮伊熟似，心靈交流 ê 溫暖，予北國 ê 雲天攏變清爽。貼出彼時所寫 ê 長文，紀念這段相遇 ê 故事。

真可惜，台灣咧變，故事中人物 ê 命運嘛已經有真大 ê 變遷。當做是古早故事，紀念親像山內雲霧變化多端 --ê，台灣人 ê 命運。

　船 khi 一爿
　海湧煞雄雄灌 -- 落 - 來
　滿船 ê 水

想欲犀也犀袂離

著掠著方向
耐心等待
慇慇勤勤操作
人生 ê 小帆船
風颱若過
猶有長長 ê 海路愛行

看著眞濟野草莓

北歐熱天 ê 天眞正藍，罩佇曠闊 ê 平野，予人 ê 心嘛開闊 --
起 - 來。日頭 ê 跤步慢，無欲落山，一直到十點、十一點，
日光猶斜斜照踮羊群 ê 身上，規大片 ê 草場，無啥物人影，
只有鳥隻啼叫 ê 聲。日頭照袂到 ê 樹林內，雖然暗暝 ê 氣
味一直 tshìng-- 起 - 來，樹跤一點一點白色 ê 野草莓花，猶
發出清淡 ê、溫暖 ê 甜芳。

我猶毋捌看過發甲遮爾密 ê 野草莓。野草莓 ê 葉仔比田內 ê
草莓幼秀，花蕊只有尾指 ê 指甲遐爾細。我佇德國去學校 ê
路 -- 裡，有幾叢仔野草莓，發佇樹林間，眞希罕，就是有
看著紅紅 ê 果子 bih 佇葉仔跤，我嘛毋甘伸手去挽，想講，

著留 --leh 予伊閣繼續生湠。

來到瑞典,煞看著四界 ê 樹林攏有發野草莓。我想起柏格曼(Ingmar Bergmann)ê 電影〈野草莓〉,對消逝 ê 青春 ê 眷戀。智慧 ê 老人穿插整齊,滿面風霜,予滿面青春 ê 查某囡仔幼白 ê 手牽 --leh,行過少年時代 ê 草埔。

我好奇來到瑞典,來拜訪少年時有夢 ê 台灣人:一九七〇年,四二四刺蔣案了後,來到瑞典 ê 黃晴美佮張文祺。

九十年代,刺蔣案 ê 兩位主角鄭自財、黃文雄佮一寡有關 ê 人,陸續轉去台灣,這兩冬嘛一直有關係這个案件 ê 歷史定位 ê 討論。對阮這輩 ê 人來講,無論這个事件 ê 歷史定位是按怎,佇這个完全失落理想 ê 世代,看前一輩 ê 人 ê 至情、行動力佮犧牲,佇阮心內漸漸枯乾 ê 心泉,就會閣 tshìng 出活水。

三十多啊,是毋是壯志會消磨 -- 去?是毋是心會冷 -- 去?是毋是人會變現實?是毋是眠夢會消失?

三十多啊,留佇海外,冷靜觀看台灣 ê 人,心情按怎變化?

我用不安 ê 心，期待佮 in 熟似。

少年阿婆黃晴美

黃晴美 ê 跤步輕快，tshuā 我到山頂會當看著峽灣 ê 所在，彎彎斡斡 ê 小路通過大石，石壁邊發甲青青翠翠 --ê，是野草莓。「野草莓開花 ê 所在」，伊輕輕講：「佇瑞典文內底有眞浪漫 ê 意義，是人心內欣慕 ê 所在。」

伊已經超過六十歲，長頭鬃烏 sìm-sìm，猶充滿活氣。細漢幼骨 ê 身材，活潑 ê 行動，圓圓 ê 面笑 -- 起 - 來，有少女 ê 純眞。伊穿插眞樸素，無抹粉 ê 面，予日頭曝甲紅紅。

伊一直講伊老 --ah，記智 bái，做代誌慢吞吞。伊講話慢，想代誌眞正斟酌。總是，伊有好奇、開放 ê 目神，輕輕、好聽 ê 聲音，咧表達一粒活跳跳 ê 心。過敏症 ê 病疼來 tap 纏，過去凝心、走 tsông ê 日子佇伊身上刻落痕跡，伊因爲身體欠安，已經離開伊所心愛 ê 教冊頭路。不過，若是講著伊佇咧準備語言教學所用 ê 心，所運用 ê 方法，以及學生 ê 反應，伊 ê 目睭就光 -- 起 - 來，伊是一位認眞 ê 老師。雖然是退休 --ah，猶是參與師資訓練 ê 工作。

伊謙卑講：刺蔣案籌備ê時，伊扮演 --ê是傳統查某人ê角色，全心咧照顧兩个囝仔。我想，佇 hia-ê 情緒緊張ê日子，下決心將照顧囝仔ê責任擔 -- 起 - 來，迎接可能發生ê一切狀況，所需要ê勇氣、耐力佮智慧，無比徛去一線行動ê查埔人較少。

黃晴美有傳統台灣婦女堅毅勇敢，無論環境是啥款攏為囝仔活 -- 落 - 去ê活力。伊ê政治理念，佮翁婿鄭自財、阿兄黃文雄是仝款 --ê，就是相信台灣人一定愛把握時機，拚命來爭取自由獨立。所以伊全心支持這項行動。就是到今仔日，伊猶深深相信，當時刺殺蔣經國ê行動，雖然無成功，總是因為按呢，台灣人ê心覺醒，統治者嘛有真正有 hōo 台灣人堅定ê心聲驚 -- 著，才有「蔣經國時代」漸漸重視本土菁英ê政策出現。

「阮毋是針對蔣經國這个人，嘛毋是欲用暴力ê方式來建國，只不過彼時有這个機會對全世界喝出台灣人ê心聲，所以阮著把握時機。阮毋是親像彼時報紙所講ê『暴徒』。」

伊講，當初，伊只是真單純，用「毋甘願」ê心來支持黃文雄佮鄭自財ê行動。因為毋甘願台灣人ê聲受欺壓，毋甘願看著台灣人受獨裁政權ê控制。因為毋甘願，所以伊

支持黃文雄佮鄭自財棄保逃亡，無愛看 in 去坐監。因為毋甘願，鄭自財佇瑞典獄中絕食抗爭，拒絕接受引渡，伊嘛佇監獄外絕食抗爭，發新聞稿、爭取人權團體 ê 注意。伊感覺家己毋是啥物英豪，只不過有一股毋甘願 ê 奮鬥意志。

遮爾濟多過 -- 去，伊猶閣是一位有家己 ê 個性、家己 ê 主張，外表溫柔，重義氣、意志強 ê 女性。

伊有寫過一篇文章，回憶佮伊 ê nì-tsiàng 黃文雄鬥陣 ê 日子。講著兩个人分別 28 冬，1997 春天黃文雄轉去台灣，in 才閣見面。雖然分別遮爾久，兩个人猶會當親像少年時代，自由自在開講，做伙去故鄉新竹，細漢 ê 時 thit-thô ê 頭前溪邊散步，伊講起「少年阿公」黃文雄將伊這个「少年阿婆」āinn-- 起 - 來，潦過水窟，親像轉去到囡仔時代。

當我讀著這篇文章 ê 時，我已經轉來到家己寫論文、上課 ê 日常生活，總是，頭前溪 ê 彼幕少年阿公佮少年阿婆 ê 情景活跳跳出現佇我 ê 面前，佮另外一幕「有丁香花 ê 風景」相疊：

我佮晴美姊佇伊所蹛 ê 小島散步，紫色 ê 丁香四界開，人兜 ê 花園內有大蕊白牡丹。阮行啊行，來到開闊 ê 野地，

草仔自在青，草仔花自在開。晴美姊不時就予草埔頂趣味ê細蕊花蕊所迷，用輕快ê跤步，行過去看花。簡單ê草花佇伊認真ê目光中，變做珍貴奇妙。伊挽幾蕊花，準備來裝飾中畫頓ê桌。

有一蕊磚仔色，毛毛蓬蓬ê花孤單徛佇路邊。伊伸手準備欲挽，手伸一半，閣停 -- 落 - 來，講：「這 kan-na 一蕊 niâ，猶是 mài 挽較好。」伊越頭，笑笑對我講：「其實無人規定講袂當挽，總是我就是會有一寡家己對家己ê規定。」直到欲入去樹林 --ah，遐有發眞濟蕊全款ê草花，伊才歡歡喜喜伸手去挽一蕊，加入去伊手中ê彼把花。

這款對大自然好奇、欣賞、尊重ê心，予我感覺親像有清風吹 -- 過 - 來。我無見著一位女豪傑（雖然伊有可能猶真有當年ê豪傑氣概），無看著一个「恐怖份子」，是看著一个對大自然ê性命充滿愛惜ê心，活甲眞有原則ê女性。

我 kā 伊講，我無想欲替伊做傳，總是眞意愛用伊做原型，去發展一个小說人物。其實多外來，我已經有構想一篇小說，總是其中ê人物無夠立體，我眞意愛知影伊按怎生活，通替我ê小說人物添枝添葉，添皮添骨。

伊笑--起-來，講伊 ê 囡仔時代佮阿母 ê 故事予我聽。伊 ê 信賴佮友情，予我心內真正溫暖。

一台叫做「風颱」ê 船

晴美姊 ê 瑞典翁婿 Percy Andersson 是一位藝術家，拄好為著 Uppsala ê 一个社區完成一件裝置藝術作品，是一台叫做「風颱」ê 船仔。張文祺夫婦、晴美夫婦佮我做伙坐入去張--家 ê 細台車，去看「風颱」。

「風颱」是一台木造 ê 帆船，親像挪亞 ê 大船停佇小山崙仔頂，船 khi 一爿--去，船身只有 tshun 一半。駕駛艙內有會當駛 ê 舵輪，桅杆頂有一排彩色 ê 船旗，是 Percy 邀請社區 ê 囡仔做伙彩繪--ê。

我真欣賞這台船仔 ê 設計。晴美姊解說 Percy ê 構想予我聽：「這是希望囡仔會當盡量發揮 in ê 想像力，in 所看--著 ê 船已經沉一半，著去想像規隻船是啥物款，想像風 ê 來向，想像按怎渡過危險。」

我嘛發揮想像力，轉來厝內了，寫一首描寫 Percy 作品 ê 詩：〈風颱〉。（可參考後文所錄台語詩三首）

寫這首詩 ê 時是 2001 年六月，今張文祺閣衝轉去台灣 ê 風颱眼囉！伊講眞擔心台灣 ê 主體性會失落 -- 去，感覺一定愛替台灣做寡代誌，就是暫時無發揮 ê 空間嘛無要緊，佮朋友做伙賣麵嘛好。伊 kā 佇 Uppsala ê 菜園仔整理理 --leh，就轉 -- 去 --ah。伊對台灣寫批來講：因爲風颱，麵店淹水，連賣麵 ê 計劃攏無法度眞順利進行。

新 ê 風颱閣再威脅台灣。我全心盼望：佇野草莓花 ê 芳味中所保存 -- 落 - 來 ê 純眞熱情，會當佇充滿風波 ê 台灣，帶來一點仔看會著藍天 ê 啓示。

本文寫於 2001 年 10 月 21 日

王貞文

挽花──
佮黃晴美相搪（sio-tng）（海外台灣人之一）

清冷 ê 風透透
天頂 ê 雲飛緊緊
連鞭 tsinn-tsinn 做伙
色緻陰沉
連鞭散做
　幼幼白棉花

雲外 ê 藍天
清清純純
忽然間
貼倚 -- 過 - 來

熱天拄拄仔來到

北歐冷冷寂寞 ê 土地
青翠 ê 草埔用
規片燦爛 ê 草花迎接
　　長長 ê 白日

伊跤步輕快
親像囡仔
用深深 ê 情
觀看路邊一蕊
　　恬恬咧笑 ê 粉紅草花
遐有大自然深沉 ê 智慧
遐有喜樂 ê 氣力咧流

三十多 ê 流亡生涯
喪鄉簡樸 ê 生活
伊無怨感
嘛無 phín-phóng

三十多前佇紐約
Ni-sàng 一粒拍歪 -- 去 ê 銃子
宣告台灣人 ê 尊嚴
警衛人員

親像規群烏鴉
　　圍倚 -- 來

伊 ê 翁婿予人定義做主謀者
仝時受掠、受審判
毋甘願坐不義 ê 監
逃亡來到歐洲
台灣人爭取尊嚴 ê 戰線
竟然就按呢
　　延長到北歐
命運將伊 hiat 落
　　異鄉異國
伊胸坎挺 -- 起 - 來
迎接新挑戰

今逐家一直問
為著一個尊嚴 ê 象徵
敢有值得付出
　　人生 ê 幸福做代價？

伊講，伊毋捌按呢問
為著一件值得去做 ê 代誌

放棄色彩豔豔 ê 玫瑰園
是人本來就應該有 ê 選擇

浸落去嚴酷 ê 自然
才會真正體會
細項物件 ê 婿
草葉色緻有深有淺
草花細蕊總是深綠
佇伊 ê 手中
簡單 ê 草花草葉變成
　　驕傲有尊嚴 ê 花藝

北歐 ê 熱天
日頭猶是遏爾仔蒼白
雲影變化無定
雲若破開 ê 時
藍天特別純潔
伊已經是三个孫 ê 阿媽
無化妝 ê 笑容
猶親像一位少女

2001.6.26 定稿

王貞文

風颱（海外台灣人之二）

起風囉
東北風掃過小船頭
雨水 suah、suah、suah
Ná 千萬枝針
橫橫插入船旗

船 khi 一片
海湧雄雄 suah、suah 灌 -- 落 - 來
滿船 ê 水
想欲戽也戽袂離

著掠著方向
耐心等待

殷殷勤勤操作
人生 ê 小帆船
風颱若過
猶有長長 ê 海路愛行

一台號做「風颱」ê 木船
裝設佇 Uppsala 郊外
囡仔 tshit-thô ê 沙崙仔頂
船邊
流浪天涯 ê 人
三十多前政治 ê 風颱
將 in 掃來
　　自由開闊 ê 海面

冷風透
七彩 ê 船旗
佇風中擔頭
歡喜
　　熱帶 ê 風颱
佇萬里以外

將孤舟 huānn 定

天涯・人間・晴美　73

渡過風颱 ê 流浪者
彼此問講：今生今世
敢會閣駛入
　　故鄉 ê 風颱眼？

2001.6.28 定稿

王貞文

伊 ê 窗——
佇黃晴美厝--裡 （海外台灣人之三）

清早
坐佇伊 ê 窗前
海鳥長闊 ê 翼
掃過
　　深綠色 ê 松林

松林 ê 後壁
是毋是深深 ê 海灣？
窗仔 ê 內面
是毋是心靈歇睏
　　ê 所在？
好奇 ê 訪問者
佇狹狹 ê 廚房

設想三十年來
一位台灣女性
漂浪 ê 生涯

「我是台灣人
嘛是世界公民」
伊講起
　無分國界 ê
　　人道關懷
三十外年無放棄 ê
人道情

窗仔外
深藍 ê 大海
無邊 開闊
伊佮翁婿駛船出海
細膩 tuè 風來行
鹹風內有
　自由 ê 滋味

窗仔內
故鄉 ê 圖冊滿冊架

一捾念珠仔清圓
深沉 安寧
伊恬恬寫稿
紀念台灣運命

2001.7.3 定稿

「海外台灣人」系列三首得著第一屆海翁台語文學獎詩類正獎。這三首詩收錄佇王貞文《檸檬蜜茶》台語詩集；2015 年 9 月，島鄉台文工作室出版。

王貞文牧師簡介（1965-2017）：

佇嘉義市 ê 基督教家庭大漢，台南神學院神學研究所卒業，捌佇德國 Kirchliche Hochschule Bethel 進修博士學位，2004 年起佇台南神學院擔任講師，2005 年封牧。有出版過濟濟華文著作，2006 年出版《天使》台語小說集，2015 年出版《檸檬蜜茶》台語詩集，是台灣基督教文學重要 ê 作家。

周婉窈

黃晴美女士，您是戰後
臺灣人精神史上的寶貝

今年一月最後一天，我和臺大碩博班學生一起觀看蔡崇隆
導演的紀錄片《刺蔣》，這是 1997 年在「民視」播放的紀
錄片。透過影片，第一次超過「姓名層次」認識黃晴美女
士，內心受到很大的衝擊，非常非常感動。啊，是這樣一
位走在行義的路上，毫無猶疑的臺灣女性！

才剛覺得認識她，當晚就在臉書看到張文隆先生貼出黃女
士過世的消息，特別有刺痛之感。早先從黃文雄先生口中
曾聽到黃女士罹患失智症，沒想到她這麼快就離我們遠
去。那天深夜，我一直在想：為什麼我們永遠和我們自
己的歷史錯身而過？為什麼永遠無法認識自己的 heroes &
heroines？更遑論向他 / 她們致敬了。作為臺灣史研究者，
我當然知道為什麼，只是不甘心。

在戰後臺灣民主運動中，女性一直是背景式的存在，直到野草莓運動及其後的三一八運動，女性才成爲檯面上平分秋色的主角。當我們觀看《刺蔣》紀錄片，以及閱讀去年出版的《刺蔣：鄭自才回憶錄》，黃晴美佔的分量其實都不多，甚至可以說很少，但她是質的存在，讓人感受到巨大的力量。回想第一次觀看《刺蔣》紀錄片，觀後心情久久最無法平息的，是來自於黃晴美的那部分。

在這裡，我們不必重複講刺蔣的經過及其後的發展，最令人震撼的是──在黃晴美可是處之澹然：她從一開始就知道丈夫的刺蔣計畫，不只沒反對，反而支持，後來加入了自己的哥哥黃文雄，她一樣沒有任何猶疑。這不是因爲她是女性，必須聽從夫兄之言，而是因爲這也是她認同的道路。在紀錄片中，她說：「愈（lú）摻入美國的社會，你就愈感覺著家己的國家的政治社會方面的病態，所以參加入去獨立運動自按呢變做眞自然的代誌，因爲你也希望家己有一个開放的社會和國家。」至於面對刺蔣的實際行動，她說：「彼个時陣我要作彼个決定，有兩个上 kài（最爲）重要的因素，一個就是我信任阮阿兄和自才的判斷，同時我也認爲，無管以後的發展是啥 mih 款，我攏有辦法照顧家己 kap 兩个細漢 ê 囝仔。」影片中，黃晴美表情平淡，娓娓道來。

黃晴美不止陪阿兄和丈夫開車到海邊練習槍擊（她留在車上照顧兩個小孩），刺蔣那一天，是她將手槍放在自己的手提包中，到了現場才交給黃文雄。刺蔣，她可以說全程參與。革命不是請客吃飯，最壞的情況，她的阿兄和丈夫可能同時死亡，但她義無反顧，有自信可以承擔後果。後來在瑞典絕食救夫，也都是這整個人生抉擇的一環。四十七年後，鄭自才在回憶錄中說，黃晴美知道他要進行刺蔣時，不但沒有反對，而且還很支持，讓他「感受到臺灣女性偉大之處」（頁93），後來跨國探監、獨立養家等等，也讓鄭自才感佩地說「充分表現了她的堅強意志與毅力」（頁163）。

但是，如果您看過黃晴美年輕時的照片，我想您會感到驚訝吧？她長得小小的，面目像女孩，尤其頭髮平梳，更顯得小，我想西方人大概會以為她是 teenager 吧？她在瑞典絕食的那張照片，看來就像個小女孩。然而，小女孩的內裡是無比的堅毅，我們臺語說「giám-ngē」。那種內外的反差，實在很特別。

我有好朋友在黃晴美女士過世後，才驚知臺灣有這樣的人物、這樣的女性！其實這不奇怪，也不用苛責他。臺灣人不知道的臺灣歷史和人物，講也講不完。我們這個世代，

算是戰後臺灣民主運動的第二代，在黨國教育下成長，絕大多數人在離開學校很久很久以後，才開始有機會接觸到臺灣歷史，常常是零星的認知，不成系統，這還是想認識自己歷史的人；拒絕認識臺灣歷史的人，恐怕更多。可以稍感安慰的是，這十幾年來，臺灣歷史的書增加很多，質量俱佳；不過，通論性質、有體系的戰後臺灣史還是很欠缺，如果有，我相信海外臺獨運動（兩世代知識分子的努力，如何能不寫？），以及刺蔣、黑名單等史事一定會佔相當的篇幅，那時候，黃晴美肯定會被寫進來的。

有一天，我在研究室，李喬先生打電話來，他說：「周教授，妳一定要寫臺灣人精神史。」我正不知所措時，李先生就已掛斷電話，我連敬謝不敏都來不及說。我想我不是他打電話的唯一對象，他很希望臺灣能有一部臺灣人精神史，念茲在茲，但自己恐怕沒時間寫，所以囑咐後學要寫。我知道李喬先生心目中的精神史，正負面都要寫。臺灣因為一再為外來統治者所宰制，很多人被馴化、收編，甚至當「抓耙仔」，出賣國人；這個面相從戰後初期到現在，一直困擾著我們的社會。另外一個面相是「吾家不可有，吾族不可無」的心態，也就是清楚意識到：作為一個群體或一個民族必要站出來抵抗，但最好別人去做，我還是明哲保身、保家為要。這種心態讓我們無法建立真正的公民社

會，凡事就是幾個人出來扛，所以路很難走，走不遠。這要寫起來，真是一托拉庫。不過，如果有一部臺灣人精神史，當然最重要的是正面書寫，寫我們的典範和楷模。我想，作為一個女性、作為抵抗黨國專制獨裁統治的臺灣人，黃晴美是綻放在島嶼精神史上的花蕊，是我們的寶貝。

很可惜的是，我們無緣有一部黃晴美傳記、自傳或口述歷史。黃晴美和吳清桂是以義結合的革命姊妹，吳清桂說她曾向黃晴美提過寫傳記的想法，但黃晴美說她自己來寫，結果就這樣錯失了詳細紀錄黃晴美生命歷程的機會。紀錄片《刺蔣》是二十年前拍攝的，當時刺蔣四位當事人都還健壯，該紀錄片訪問很多相關人士，其中不少都已不在人世。這部紀錄片製作嚴謹，內容周詳豐富，據悉由於國外版權的關係無法公開發行，我個人深深感到可惜，很希望這部紀錄片能再度與國人見面；能公開發行，才能入藏圖書館，年輕人才有機會聽聞當事人和相關人士的現身說法。這也是我們紀念黃晴美女士可以做到的一件事情吧？

最後，容我將黃晴美在紀錄片中最後的一段話轉寫到這裡：

> 這 kúi（幾）年的拍拚，予我也得堅持下去，一個
> tsiânn（很）重要的點是，對頭到尾我攏無去就這項代

誌想做是個人的悲劇，對我來講，這是全部臺灣人咧奮鬥，我這遍是因爲某種機緣，我拄拄好（tú-tú-hó）行佇上 kài 頭前（最前面）。

我們必要繼承她的精神，在臺灣人奮鬥的路途上，走在黃晴美的腳印上，直到島嶼天光。然後，我們要一起唱一首歌，唱一首歌頌島嶼傳奇女英雄的歌。

周婉窈爲台大歷史系教授

陳翠蓮

台灣革命女性黃晴美

2018 年 1 月 30 日，黃晴美女士逝世於瑞典，結束她不平凡的一生。

黃晴美生於新竹，從小獨立自主，兄長黃文雄說她是「天生的女性主義者」。在食指浩繁的家中，女孩往往被要求爲家庭犧牲，但晴美不服氣，自己偷偷報考北二女（今中山女中），並以榜首考上，促使父親讓步、能夠就讀新竹女中繼續升學。後來她先於兄長黃文雄前往美國匹茲堡大學社會學研究所，吸收民權運動養分，並投身海外台灣人運動。

戰後台灣威權高壓統治，政治社會菁英犧牲無數，台灣女性幾乎都是在此情況下，以未亡人身分承受男人留下的苦

難。二二八事件的驚惶戰慄、白色恐怖的家破人亡後，女人們迫不得以之下，滿懷痛楚、含辛茹苦撐起一個家。

但黃晴美不同，她不是被動承受苦難的未亡人，而是刺蔣革命行動的參與者。她的夫婿鄭自才策畫刺蔣，邀請兄長黃文雄參加，面對最親近的夫婿與兄長二人共同捲入此一驚天動地的計畫，無論成功與否，執行者不是被開槍斃命、就是重刑下獄，黃晴美不但未加阻止，並且給予支持。

那時，黃晴美與鄭自才已經組織了一個美滿的家庭，育有一對可愛的子女。試想，晴美內心經過怎樣的煎熬與掙扎？究竟要有多堅強的心志，才能做出如此艱難的選擇？

黃晴美不僅從頭到尾參與計畫，同時是行動的執行者之一。據黃文雄回憶，事件前幾天，他們兄妹倆就到廣場飯店附近進行偵察，商量如何執行計畫。四二四當天，手槍就放在黃晴美的皮包中，她以鎮靜、細心和勇氣掩護兄長，到了廣場飯店走廊一端，才將手槍交給黃文雄執行任務。

刺蔣案發生後，黃文雄、鄭自才棄保潛逃，黃晴美獨自承受來自台灣人社團的極大壓力。鄭自才到瑞典獲得政治庇護後，她帶著兩個小孩遠赴天涯一方相聚；不久鄭自才被

引渡回美國，她與瑞典人權組織展開救援行動，絕食力爭；又輾轉趕到英國打引渡官司。

有將近一年的時間，黃晴美往返奔波在英國與瑞典路途中努力救人，同時還要獨力負起養育兒女的重任。當多數人已經逐漸淡忘刺蔣案時，她正憑著堅強的意志，隻身進行多面作戰。如果不是對此一政治行動具有深刻認識與信念，晴美如何能夠堅持到底？

直到鄭自才在美國服刑一年半後假釋，回到瑞典與妻兒重聚。但就在此時，因為分開多年、想法各異，黃晴美主動提議分手。離婚後，黃晴美與鄭自才各自組成新家庭，並保持密切、良好的互動關係。

黃晴美一生自主、獨立、意志堅強。在性別意識閉塞的年代，她主動掌握自己的學業、婚姻與人生；在男人們尚且因為害怕而遠離政治的時代，她參與了翻天覆地的革命行動。刺蔣案中，她扮演後勤補給與精神支柱的角色，作為黃文雄與鄭自才最強大的後盾，更在後續的引渡官司中，以她瘦弱的身軀奮戰不懈，留下感人的篇章。

台灣歷史中革命女性甚為罕見，黃晴美立下一個典型。在

對抗獨裁統治的革命行動中，她所表現出的強韌心志與堅
毅身影，值得人們深深記憶。

陳翠蓮為台大歷史系教授

薛化元

黃晴美女士與424事件

我和黃晴美女士未曾謀面，認識的她是透過報導或是前輩口耳相傳而來，對於她為了自己也為了丈夫理想的付出，只有作晚輩的敬佩而已。倒是我和她的哥哥黃文雄先生，由於共同關心人權課題，這些年來有較為密切的往來，特別是在雷震公益信託基金推動的事務上頻仍的互動。

今年1月由於張文隆先生的邀請，我報名參加由允晨出版社舉辦的《刺蔣：鄭自才回憶錄》新書發表會。拿到鄭自才先生和張文隆先生的贈書後，迅速連夜拜讀，讓我對424事件有了更深入的瞭解，也為黃晴美女士當年的堅忍所折服。沒想到才過了10多天，網路就傳來她過世的消息，想到多年的理想尚未達成，不免從內心感到悲戚。

首先，就私人付出的層面來說。當時海外主張台獨的前輩們，對於是否要進行類似 424 事件的暗殺行動，有較多複雜的現實考量。特別是在美國牽涉到刑事或是暗殺的政治異議行為，和在台灣進行反國民黨統治的武裝革命行動，當事人在美國面對的法律問題有相當差異。前者可能必須面對司法審判，後者則可能可以取得政治庇護。就是認識到當年採取暗殺行動，無論是否成功，都必須面對的風險和犧牲，我們更能瞭解實際參與 424 事件的前輩們，他們決定採取行動時的決心，就非常人所能及，而事發後家庭和個人也付出相當的代價。

針對 228 事件或是白色恐怖案件，除了遭到直接槍殺或判決的受難者之外，受難者家屬也是實質的受難者。424 事件實際執行的黃文雄先生和鄭自才先生，面對審判、逃亡乃至入獄，最後成為最後黑名單的成員，無法返鄉。而黃晴美女士不僅是家屬，也是事件的參與者，她在事前就決定協助暗殺的執行，連手槍都是由她帶到現場的。丈夫與兄長被捕後，她則帶著幼兒積極從事救援行動。丈夫被拘禁時，她除了探監，還透過絕食等方法進行聲援，爭取輿論的支持。在處境不利的大環境下，她的付出與努力，在某種意義上，應該與鄭自才先生和黃文雄先生相似，受到重視。

其次，當年台灣根本不具備透過自由民主的程序，進行改變執政者的改革。人民也無法透過自由意志，追求與執政者不同政治路線的主張。主張台灣獨立建國，成為一個正常的主權獨立國家，在體制內面對的是失去自由，而不是實踐的可能。就此而言，尋求體制外的革命手段，在先進國家獨立建國，甚至追求自由民主體制的歷史經驗中，也是相當常見的。

過去曾經有人質疑：台灣人自二次大戰結束以後，就長期在中華民國（國民）政府長期統治下，並沒有提出異議，是認同中華民國（國民）政府統治的合法性。而 424 事件在某種意義上，正是呈現前輩們為了追求台灣獨立建國的理想，和其他先進國家歷史上的先人一樣，也曾經採取武力的暗殺行動，來追求理想的落實。

從另一個角度來看，424 事件暗殺的對象是蔣經國，也有其特殊的意義。1970 年他的正式官方身份是行政院副院長，但是在陳誠死後，他接班的態勢也十分明顯。而且 1969 年在財經官僚出身的嚴家淦擔任行政院長的內閣中，蔣經國不僅擔任國際經濟合作發展委員會（經合會）的主任委員，也主持「財政經濟金融會報」，實際主導行政院的財經事務。這是蔣經國取得行政部門主導權的重要里程

碑，伊原吉之助教授稱之為「蔣經國時代的到來」。換言之，暗殺蔣經國的計畫與行動，是直接針對當時台灣國民黨政權接班人的暗殺，也是針對台灣行政部門主導者的暗殺，如果成功，勢必直接衝擊、打亂蔣介石領導的國民黨當局權力接班的部署，可能造成有利於推翻國民黨當局統治的政治情勢。而無論成功或者失敗，此一重大事件將吸引國際媒體的報導，使台灣獨立建國運動更為世人所知，爭取更多的支持。

台灣自由化、民主化的改革，已經有了具體的成果。人民比過去有更好的條件，可以透過選票和自我的意志，追求獨立建國的理想。然而，台灣要在國際社會上成為一個主權獨立的正常國家，仍還有待繼續努力。黃晴美女士過世了，廖宜恩兄通知我，除了要舉行紀念活動，還要撰寫紀念短文。我覺得很有意義，但以我的閱歷和認識，實在難以呈現黃晴美女士應有的歷史地位。只能期許自己，前輩先走了，不捨、追念之外，我們更當朝向理想繼續邁進，以告慰前輩在天之靈。

薛化元為二二八事件紀念基金會董事長、政大文學院院長

林秀幸

一封給晴美前輩的信

晴美前輩，

請容許我這樣叫妳。的確，我過去未曾聽聞過妳。宜恩邀請我寫一篇追悼妳的文章時，我第一時間想，我不認識妳，如何爲文呢？但是這個念頭還沒結束，另一個聲音已經出現：我可以寫，只因爲我們同爲女性。

的確，現有可以找到的資料似乎很少，大部分都是妳的舊識的簡短回憶。但是這不妨礙我從遠處看妳，或者試著走近妳的身邊，感受妳。妳來自新竹，一個我現在居住的城市，那裡的風吹得猛烈。也許，妳臉上那一抹帶著風的痕跡的微笑，是從新竹帶去的。也許，也是台灣強勁的東北季風爲妳未來的風塵僕僕的奔走預先儲備了能量。是的，

妳的笑容令我熟悉，屬於台灣的，樸實又開闊的面容，一抹淺淺的笑，要放未放，卻蘊含著未知的能量。不是嗎？我們這一代人的母親們都有著類似的笑容，憨憨的，卻難以駕馭。像台灣的百合吧？也許。我在記憶中尋找屬於台灣的野性的美，強韌的根，吹不倒的枝葉……。妳的故鄉的風，為人們吹出柿子餅的淡淡甜香，也吹出了一個奇女子一生的顛簸。

今年的二二八，我第一次聽聞妳的名字。但是，第一次就如此令人震驚，沒有預告，讓我們直接暴露在妳的無保留的英勇。不是嗎？不管是如果還是萬一，最苦的都會是妳。一個無法逃遁的命運，卻是妳一手安排。從紐約的這一頭到那一頭，經過的不只是人群，還是妳的生命轉捩點；到達的，也不只是槍擊地點，而是妳生命的苦難。我試著去找希臘諸神，有哪一位女神曾經這樣安排自己的命運，走一局幾乎走不下去的棋局。找不到，神界沒有留下這樣的典型，讓後人追隨。「犧牲」是一個典範，不管在何處的歷史還是神話，在台灣，或是遠古的希臘。但是似乎沒有一個這樣的犧牲，是屬於妳的故事。

這讓我第一次思考不同的犧牲的內涵。自己走入歷史的寂靜，還是留下來走一條漫漫長夜人間路？瞬間還是恆久的

苦？但是妳兩個都要，前者妳試著遞給妳的夫與兄，後者留給妳自己，這是重中之重。據說，妳總是保持優雅，因為生命已然夠重，妳如果不挺立腰桿，難以昂揚面對。妳終究執著在那個「美」，妳名字中的一個字，不然無法解釋。不是嗎？那些願意犧牲的人，總是執著於另一端無價的存在，否則她無以為生，無以為念。我想像著，妳如何預備往後的日子。歷史上瞬間犧牲的人，也許可以留下蒼白卻美麗的身影。妳雖然注意著妳的優雅，卻必須挺立幾十年，那是更大的允諾。

也許妳以獨裁者身亡之後的台灣夢來支撐妳面對未來，無法預言也難以逃脫的未來。我試著走進妳的心裡，試著揣測妳的心情……這或許就是妳留給我們的，一個待填充的，永遠的謎。當然，也就成為永遠的回憶，永遠的創傷。也是創作，詮釋和引以為傲。好吧，這就是一個括弧，妳留給我們的，歷史的，也是個人的括弧。從那裡蘊生出我們個人和集體的 genesis。當我們這樣做的時候，我們不僅在妳的身邊猶疑，也在國族的空間移步。不是嗎？妳不是妳，也是妳，自從妳允許我們這樣走進妳，我們這些在台灣系譜中的晚輩。我沒有混淆這兩者，也因為這樣，我們要在這裡追憶妳。妳擁有一雙兒女，也同時譜就了個人的故事和集體的歷史。我不需要強調兩者的距離，那樣太故作姿

態，畢竟我不能確定妳何時這樣何時那樣，何時是個人的，何時是國家的，還是有時候分不清楚這或那。甚至，妳活下來的優雅讓集體性不至於狂飆入雲，失去人間的重量。因為妳的若無其事，恬靜安然。

我不確定妳當時怎麼想，何以如此勇敢。回想我曾經私慕的女性，我找不到這樣的典範，但是我卻擔心走得太近妳。如果我不知輕重地說妳道妳，卻無法體認到一絲絲妳曾經的感受，這讓我覺得狂妄的不安。不是嗎？少有人可以如妳，在雙雙幼子面前，奉獻兩種祭品：瞬間的，和一生的。我們走不進妳，的確，太遠，無法從我們現有的經歷找到途徑接近妳。於是，我們這些後輩，只能如此前後圍繞、觀看、感受……嘗試透過妳，創生我們個人的，也是國族的勇氣。

林秀幸為台灣教授協會會長

傅佩芬

輓詞——
寫在黃晴美女士告別式前

晴美女士，

我們並不相識。

生長在戒嚴時代的我第一次聽到您的名字是在出國留學之後。一直以為生長在富庶寶島的太平歲月，很難想像在那個年代曾經發生過暗殺蔣經國那樣驚心動魄的事件。初至異鄉的我讀著這段歷史，多次想像著當時的場景：當黃文雄在開槍後被美國警方制止在地，仍然昂首奮力要「像個台灣人一樣站起來！」原本可以輕易混在人群裡走開的鄭自才卻因挺身相救而被捕。而您，是否曾經掙扎著，藏在皮包的手槍應該交給摯愛的丈夫？還是從小一起長大的哥哥？

解除戒嚴三十年了。英雄的故事已經鮮少被提起，而您的名字更是少有人知。經歷過三次政黨輪替，今天的的台灣享受著前所未有的自由民主。而另一方面，象徵極權統治的廟宇仍然高聳不可動搖，自詡為菁英的政客仍然歌頌崇拜著獨裁者，不遺餘力地教導我們，「遺忘」是一個多麼高尚的美德……。您在臨走前，有一些安慰嗎？還是充滿了遺憾？

您的告別式將於 3 月 10 日在瑞典舉行。原想在告別的日子以一束鮮花向您致意。友人傳來的消息是家屬婉謝花籃，希望將款項轉贈給一個當地的醫療基金會。是的。所有的玫瑰終會凋謝，歷史的一頁也將很快翻過。在此且容我們以隻字片語向您致敬：

謝謝您讓我們知道，在高壓極權統治之下，不是所有的人都選擇沉默、服從。在風聲鶴唳的時期，曾經有許許多多的人，或崢嶸或平凡，或叱吒風雲或無人知曉，為自己的信念勇敢地走上一條荊棘重重的路。這些故事或許不被經常提起，它們卻在歷史上熠熠發光。多年之後，仍然感動著許多年輕的心靈，在寒冷異地展卷夜讀，熱血澎湃，潸然淚下。這些故事或許只是涓滴微流，卻將滙入歷史的長河，一起盛載著台灣人民的願望，奔騰向前。謝謝您，願

您安息。

傅佩芬為歐洲台灣協會聯合會會長

傅佩芬

An Eulogy to Madam Cecelia Huang

Dear Madam Huang,

We never met, nor did you ever know me.

It was not until after I had gone abroad when I first learned of your story. Growing up in Taiwan during the Martial Law era, it never occurred to me that stories like the "assassination on Chiang Ching-Kuo" could have taken place during a so-called "peaceful and prosperous" time. Having read the story, I often tried to picture the scene where Peter Huang was forced down onto the ground when he was caught firing a shot at Chiang, yet strived to stand up like a proud Taiwanese, while Tzutsai Cheng hurried to his rescue instead of escaping. As for the role you played prior to the incident, hiding the gun in your purse, did you hesitate and struggle between the decisions: whom should the gun be handed over? Your dearest brother or your beloved husband?

Thirty years have passed since lifting of the Martial Law. Stories of heroes were rarely mentioned, yet even fewer people knew of your name. After three transfers of power, Taiwan enjoys nowadays the most liberal and democratic atmosphere in her history. Nonetheless, the monument symbolizing the totalitarian regime is still towering and unshakable. The shallow, self-satisfied politicians publicly honored the dictator. They spared no effort to promote the idea how "Forgetting" is such a wonderful virtue. Laying on your death bed, did you feel some consolation or regrets for unfulfilled wishes?

Your funeral is set on March 10 in Sweden. We thought of sending flowers to pay our last respect. However, we are informed that your family wished to have a donation to a local medical foundation instead of flowers. Yes, all roses will eventually wither and fall. And this page of history shall be soon left behind. Please allow us a few words to your memory at this moment:

Thank you for showing us that at times of oppression not everyone has chosen to remain silent and obedient. At times of great injustice, a great deal of individuals, distinguished or ordinary, adhered to their beliefs and decided to walk down a rugged road with obstacles and difficulties ahead. The stories might be forgotten sometimes, but will nonetheless be shimmering through history. In the years to come, these stories will still inspire future generations everywhere, moving and encouraging them. These stories might be tiny as a creek or as rain drops, but they will eventually flow into the long, running river of history and carry the hopes of Taiwanese people forward.

Thank you and may you rest in peace.

Chairwoman of European Federation of Taiwanese Associations
Pey-Fen Fuh

Note: Cecilia Huang was the sister of Mr. Peter Huang and wife of Mr. Tzutsai Cheng, the two central figures of the failed assassination on Chiang Ching-Kuo on April 24, 1970.

張文隆

敬悼！刺蔣案背後，
一位堅強女性的殞落

昨晚從鄭自才先進那裡得知黃晴美女士已經於瑞典斯德哥爾摩時間 1 月 30 日 10:00（台北時間 17:00）與世長辭，我思緒翻騰，一夜不能闔眼！經過一整天後，我今晚才能提筆寫點東西。

提到台灣民主運動史，則不能不提海外台灣人運動；提到海外台灣人運動，則不能不提 4.24 刺蔣事件；提到 4.24 刺蔣事件，則不能不提鄭自才與黃文雄。但是我們就真的常常只提到鄭自才與黃文雄，卻忽略了他們背後有一位堅強的女性──黃晴美女士。

黃晴美女士對多數台灣人而言，絕對是陌生的。但如果我們知道以下三點，就知道黃晴美女士有多偉大：

第一、4.24 刺蔣策劃者鄭自才的太太！

第二、4.24 刺蔣執行者黃文雄的妹妹！

第三、4.24 刺蔣的槍枝就是她帶到現場的！

說到 1970 年發生在紐約的 4.24 刺蔣案，一般人都知道這是由鄭自才策劃，最後由黃文雄執行的。但當中最感到煎熬的人，無疑的是黃晴美女士。

話說鄭自才先邀請黃文雄，他是鄭自才的妻子黃晴美的大哥。取得匹茲堡大學碩士後，他申請到康乃爾大學念博士班，康乃爾離紐約很近，所以放假或是有時間的時候，他就會來紐約找鄭自才他們，住在他們家裡。鄭自才告訴他這件事，邀他一起行動，他就答應了。距離刺殺行動日七天前，鄭自才又去找賴文雄，邀他一起參與。黃晴美則是從頭到尾都知情的。

鄭自才回憶說：「我們決定行動時，就已經有面對死亡，或者失敗後被終身監禁的心理準備了。因為一旦開槍之後，我們第一個反應一定是轉身逃跑，這時候警察一定會開槍，不是被打死就是被抓，被抓了，罪也是很重。當時我們沒有思考那麼多，如果會想這麼多的話，就不可能去做這件

事了。」

因為刺殺蔣經國不管成不成功，一旦夫婿做了這件事，下場不是被關，就是被打死。這不只是生離死別的問題，無論如何，家庭的重擔都會落在她的身上。但黃晴美知道夫婿要進行刺蔣時，不但沒有反對，而且還堅定支持。

就在行動前一天，也就是 4 月 23 日晚上，鄭自才、黃文雄、賴文雄聚在一起討論。當他們談到由誰開槍時，大家突然一陣沉默。最後，鄭自才說：「我來開槍好了！」鄭自才決定犧牲，黃文雄隨即說：「不行！你有老婆孩子，由你開槍的話，犧牲太大了！我來開槍好了。」所以就決定由他開槍。之後討論如何把槍枝帶到現場，決定由黃晴美在當天早上放在她的手提包裡面帶到現場，再交給兄長黃文雄，讓他去執行。

一個是她的丈夫，一個是她的兄長，不管誰犧牲，對黃晴美的打擊都是不言而喻的。但是她卻毅然決然力挺，並以實際行動加入刺蔣的行列！鄭自才、黃文雄的行動，打破了台灣人「怕死、愛錢、愛面子」的污名，也讓獨裁者意識到就連台灣知識菁英都將揭竿而起的恐懼。黃晴美的支持，則揭示台灣女性隨時都可能獻出自己的夫婿和兄長，

與獨裁者奮戰到底的決心！試想，蔣家獨裁政權焉能不感到膽顫心驚？焉能不對台灣人讓步？

刺蔣之後，黃晴美果真付出沉重的代價。兄長黃文雄流亡加拿大後，從此未曾露面，一直到 1996 年才回到台灣。夫婿鄭自才流亡瑞典後，經過一番波折，於 1973 年 6 月 14 日被引渡回美國。8 月 8 日法官宣判：「處鄭自才，企圖殺人處 5 年、非法持有武器處 5 年，合併執行不超過 5 年之有期徒刑。」將鄭自才送到紐約北部專門關重刑犯的 Auburn（歐本）監獄。

自 1972 年 9 月鄭自才被瑞典政府送交給美國政府，再轉押到英國，一直到 1973 年 8 月在紐約市被判刑，足足經過了十一個月。這段期間，黃晴美往返於英國與瑞典之間，同時隻身負起養育兒女，維持生計的重任，充分表現了她的堅強意志與毅力，稚齡的日青與日傑也勇敢地共同承擔命運的折磨。鄭自才被引渡回美以後，因為距離太遠，黃晴美也就無法立即跟隨來美。1973 年 12 月中旬。黃晴美終於有機會向她工作的單位請假，帶著日青和日傑，遠從瑞典飛到美國探監。

12 月的紐約州北部是一個冰天雪地、酷寒無比的地方。黃

晴美帶著日青和日傑，由王秋森駕車，每天到歐本監獄探望夫婿鄭自才。雖然每天只有數小時的面會時間，這短暫的會晤總算給全家帶來一點團聚的家庭溫暖。就在假期的最後一天，探監途中，日傑在凍得發硬的雪地滑倒，腿部受傷，不能步行。經由獄卒的介紹，王秋森就帶晴美和頻頻喊痛的日傑，趕去醫院急診。留下女兒日青與父親相伴。

北美凜冬，天黑得早，眼見探監時間已到，隔著五道大門，牢裡、牢外都心急如焚。會客時間終了，鄭自才必須回監，留下孤伶伶、千里探父的女兒。獄卒於心不忍，自動送日青往醫院。醫院那邊急診延宕到下午四點才結束，等黃晴美他們急切趕回歐本監獄時，大門已緊緊關閉，不知日青下落何方。因為聯繫不便，兩輛焦急的人車，交錯而過。往返尋覓之後，彼此費了一段時間才得以相會，頗受一場虛驚。

當天晚上，依行程黃晴美必須帶兩個小孩先到加拿大，再返回瑞典。北上的 401 號公路，迎面而來的暴風雪，「咻！咻！咻！」怒吼，汽車在雪濃霜滑的路面上，蜿蜒前進，險象環生。密密的雪片，在汽車的燈光中，對著車窗猛射。路面已經舖上一層冰雪，許多汽車滑出公路。黃晴美與小孩所乘的汽車，亦數度滑行，所幸都沒有滑出路面。王秋

森駕車護送這家母子於黑夜中向北急馳，多年後他回憶起來，依然心口絞痛：「世間這麼冰冷！」

最後筆者要說的是，誰無父母家庭？誰不想過舒適安逸的日子？做為人生勝利組的黃晴美女士與夫婿鄭自才，他們大可繼續享受人生的幸福美滿。但何苦如此？為的是什麼呢？

走筆至此，謹以黃晴美女士青春年華時的一封家書與大家分享。

親愛的爸媽：

好久沒給您們寫信了，您們好嗎？

最近有一件連我自己也想不到的事情發生了，是好事情，請您們別著急。

記得我曾在信上提過的那個讀建築的男孩子嗎？名叫鄭自才，台南人。

自從一月認識以後，我們每週至少見一次面。談得很

多，我從來不曾和男孩子那麼熟過。一開始我就知道
他很喜歡我，但我一直保持對待朋友或大哥的態度。
我發覺他這個人很可愛，對美術音樂懂得很多，其他
各方面的書也看得不少。要我多看報紙雜誌，碰到好
文章就介紹我看。不喜歡穿規規矩矩的衣服有如大哥，
除非必要，不穿西裝。每天上學校都穿白運動鞋、卡
其褲。好辯，要有充分的理由才能使他說我是對的。
不過他很關心我，連很多小地方都注意到。最重要的
一點是，他懂得怎麼生活。六月三日他完成了論文的
初步設計，自己要放兩個星期的假，邀我到紐約看
World's Fair（世界博覽會），還要到尼加拉瓜瀑布玩。
因為我不肯去，他覺得一個人玩沒意思，也沒去，留
在匹茲堡，陪我看書、看畫展、話劇、聽唱片。這兩
個星期過得很開心，對他的認識也更多，我發覺我自
己也很喜歡他。上星期五（十二日），我和他在陽台
上談了一整夜，他要我答應明年春天畢業後和他結婚。
我很喜歡和他在一起，可是我不知道如果和他結婚以
後會成什麼樣子，自己也不知道要不要。我說等九月
他離開匹茲堡時告訴他，他說他願意等，不過那時給
他的答覆一定要是肯定的，還笑我要等大哥來了問大
哥的意見。

他的畢業論文（建築系的論文不用寫的，要實際做個設計模型，畫設計圖）要在八月底九月初才能完成。學校在六月的畢業典禮先給他學士學位文憑，明年六月再回來補拿碩士學位文憑（這裡因為學制的關係，任何學期都有畢業生，可是典禮一年只有一次。趕不上的，都先去工作。第二年才回來參加畢業典禮）。他認為花兩年的時間認識一個城市已經很夠了，不想再待在匹茲堡。決定九月中旬到巴爾的摩（Baltimore，離華盛頓才半個鐘頭的汽車路程，離這裡六個多小時，是美國第六大城市）工作。有一家公司已經答應聘他為高級職員（兩個老闆底下就是他），那家公司他很滿意。他要求起薪六百五，因為有一個老闆不在家，不能決定，現在正在等消息

這封信真不容易寫，一個星期過去了，信還沒寫成。

張文隆為教育轉型正義聯盟秘書長、《刺蔣——鄭自才回憶錄》共同作者

藍士博

毋通袂記她 / 她們的故事
——謹弔黃晴美女士

「台灣監獄島」——是詩人柯旗化對戰後國民黨統治下的
台灣的比喻，事實上，歷經了 228 事件與後來清鄉、綏靖、
白色恐怖，台灣人有耳無嘴、有口無舌，失去了思想、言
論與行動的自由，籠罩在由暴力與秘密交織建構的「超穩
定結構」當中。

沉浸於謊言與神話當中，需要的是覺悟與覺醒。戰後在各
種因素下在海外留學 / 流亡的蕃薯子，意識到台灣島內國
民政府敘事與國際情勢的悖反，慢慢拾回台灣人的身份與
認同，終至付諸行動，孤注一擲。而發生於 1970 年的 424
刺蔣行動，可以說是海外台灣人社群在脫離監獄島、成為
有機知識份子後組織、行動，從軟性的文化干擾終至發展
至此的必然結果。

脫離產生抵抗，抵抗必須拚命。在那個年代想要挺身擾動，不只要拚命，更要賭上身家。一直以來，大歷史敘事中忽略女性角色的缺失無庸置疑，然而在 424 刺蔣的行動當中，黃晴美女士絕非附屬，而是積極地參與、協助，甚至在後續的救援行動中盡她作為台灣人的一份責任。

我常常在想，面對兩位最親密的家人 —— 兄長與丈夫的抉擇，她其實是最可以自私但沒有的人，也是最可以任性拒絕卻義無反顧投身其中的人。然而在那個乍聞刺蔣想法的時刻、在皮包裡裝槍前往廣場飯店的當下、在往返於美國、瑞典、倫敦等地的探監過程中，或許她早有準備，也許只能默默承擔，甚至產生遲疑 —— 畢竟，這作為犧牲的行動，與行動後的傷害與代價，終究由她與她的家人來承擔。

鄭自才先生在甫出版的回憶錄中提到：「……如果會想這麼多的話，就不可能會去做這件事了。」行動確實需要勇氣，需要實踐，但它更需要被記錄、流傳，成為民族世代傳頌的集體記憶。

島嶼從甦醒到重生的過程中，女性從來就不是配角，更不應該成為被忽略的譜系。不管是日本時代的蔡瑞月、葉陶、謝雪紅，或者是戰後投身民主政治與人權運動的許世賢、

謝秀美、田孟淑、艾琳達、三宅清子等人。她們的付出與貢獻我們瞭解太少，認識太遲，只能從有限的材料中嘗試詮釋，尋找啓示，補齊自我與島嶼差一點失去的記憶拼圖。然後交代自己，永永遠遠，毋通袂記。

她與她們的故事。

藍士博爲二二八事件紀念基金會董事

劉璐娜

請保有妳的溫暖和熱情，努力精彩的活著
——記幸福路上的 Cecilia 黃晴美

在晴美過世之後，我同您們，是如此懷念晴美 Cecilia。

日前 Peter 黃文雄來電囑咐我，是否可以為晴美 Cecilia 寫些關於她的隻字片語，因為多數人都是由刺蔣案和台灣民主史了解晴美和她的事蹟，但也是較遠距的。何其有幸，我和一些友人是在生命的一些時刻，可以近距離的認識這位溫暖而堅毅的台灣女性和她的伴侶及家人。

在看到黃文雄前輩傳給我他所寫紀念胞妹的文章時，在辦公室立刻失控的淚流不止。在之前，在協助張文祺前輩繕打他紀念紀念晴美的文章〈沉思伊 —— 懷念晴美〉（2018年 2 月 28 日刊載於《民報》），閱讀和打字的過程也是讓

我淚流和傷痛不已，竟然很難在短短時間完成一個不算長篇幅的打字工作。我透過這些過程持續我對 Cecilia 的想念、也回頭整理自己的情緒，此外，細細回想這過去將近二十年，她和家人帶給我的衝擊、和我生命態度的改變。

在開始整理我和朋友手邊晴美生前和伴侶老船長 Percy 和家人朋友的照片時，我開始能漸漸平靜和回到晴美的真實樣態，讓您們也認識這位可愛生命力十足的女性，她平凡卻有意思的人生。

認識黃晴美女士，是由我已故的恩師張維邦教授和夫人張陳淑燕女士介紹而相識。而黃晴美的胞兄黃文雄 Peter，我幾次在校園中目睹他低調快步走著，在校園中看到台灣民主史上那麼傳奇神秘的人物，是剛回台不久的他，我甚是震驚。在許久之後，我才知道黃文雄 Peter 是維邦老師的老朋友和老戰友。

由張維邦老師所創設的歐洲聯盟研究協會（EUSA-Taiwan）所發起的 Project Sweden 2000 的瑞典計畫，就是開啓我們這群學生和社會青年透過共學、透過自學和實境訪調的歐洲國家計畫的起頭。一群在台灣受張老師指導和啓蒙的年輕人，在研讀和聯絡瑞典相關組織和資料後，籌措旅費前往

瑞典。與我們同行的張老師和淑燕師母，不僅是自費陪我們前往，更是自掏腰包的支持我們，是我們探索瑞典沿途的重要照顧者，更是重要的指引者。

在瑞典計畫的諸多行程，我們有個不是那麼學術、不是嚴謹的組織拜會的行程，也讓我們好奇不已。我們一群人坐著小火車從 Stockholm 市中心浩浩蕩蕩的來到市中心外的另一個小島 Lidingö。第一次認識晴美，我並不知道這麼一位平凡的女性對台灣歷史的重要，但是我直接感受到的是，她熱愛走路和散步，走起路來碰碰跳跳像個小女孩，總是帶著好奇而專注的眼神聽我們述說和提問……。對周遭的生態環境和樹木那麼熟悉、侃侃而談切入了瑞典的社會、文化歷史和移民，之後回來談台灣的母語困境。她親切述說許多生動的故事、許多廣博跨領域的知識及豐富見聞，讓我們這些書呆子簡直開了眼界。

時值夏季的白晝，傍晚在走完森林小徑後，我們回到晴美住家，在公寓前的公共空間，我們看到了晴美的精巧幹練和健步如飛。個子小小的晴美，面對一行十多人的拜訪，她相當俐落且慎重地張羅了兩條長木桌的小龍蝦和餐點，豐盛卻不奢誇。在晴美的公寓前的木桌椅和環境，雅致不隨便的擺設和餐點，讓我們這群台灣來的研究生大開眼界

和體驗了瑞典的 "krāftskiva"（crayfish party 小龍蝦派對）。收拾完畢後，晴美步行陪我們至火車頭等小火車，昏暗天色大家一起臥軌、聽火車行徑和鳥鳴風聲的淘氣照片，一直在我腦海中深刻留下，也很遺憾我手邊一時找不到那個時期的照片。

我們這群初生之犢被這位台灣女性慎重地對待，對一群研究生來講，除了大開眼界，此後，我也感受到這些令人敬重的長輩，怎樣在生活中尊敬和慎重對待平凡的人。年少的倨傲和孤僻有了反思，我也努力在自己的生命中，盡可能的友善和保持謙遜，和善待人、尊重生命、善待自己，也不要計較和深陷許多無謂的爭執。也學會好好珍惜我自己的家人和所愛，並用更好的方式共處和一起成長。

起源於 2000 年瑞典計畫的遠行，因張維邦教授和淑燕師母、瑞典張文祺先生所維繫而持續延伸的情誼，在晴美回台後，我多次接待她和伴侶 Percy Andersson。之後我自己負笈瑞典求學和生活，更直接認識了熱愛跳舞的 Cecilia 和 Percy（跳的是 Swedish Tango，多麼奇特）、熱愛航海的 Cecilia 和 Percy（他喜歡我們稱呼他 captain 老船長）、熱愛生命和享受探索並以簡樸而不失生活品質和樂趣方式生活的她。在 2009 及 2011（或 2012 年）兩次與他們出海航行

時，我見識到這位身軀不高的女子晴美矯健的身手，在木船上快速俐落有力的模樣，自信的張帆、啓帆、收帆和確認航行的道路的明快和不慌亂。我初始也是震驚，之後卻是欣羨而喜悅的見識這樣的晴美！

在寫這篇文章時，我一度猶豫和深思是否要提到晴美對抗阿斯茲海默症的努力、家人的照護，但是我想跟大家分享的是，因爲伴侶的理解和體貼、家人的愛和社會系統的支持，我看到的是晴美可以在晚年好好跟這個疾病共存、並有尊嚴地走到人生的盡頭。在當時也會不解和擔心，爲何不就依賴著我們和旁人，爲何還要那麼努力的持續不懈的用自己的力氣好好活著、到處趴趴走、努力踩著每一步伐步行和跳舞，繼續探索人生？

我想，除了是一份尊嚴，也是盡可能把握生命清晰的每一刻。晴美那麼努力要以自己的力氣自行出門和搭車及步行、採買烹煮和張羅生活，能獨立和不被看輕和低估時她所展現出來的努力。我現在開始能更體會和理解這種溫暖而自立、熱情而冷靜，樸實無華、且認眞看待和盡興享受生命每一刻的長者。

許多深愛及感佩晴美的朋友和家人可能會爲晴美抱屈——

晴美，會不會在她意識還清晰的時候，是否會遺憾台灣社會或台灣歷史並沒有爲她留下如驚嘆號般的重要謳歌，和賦予她台灣民主鬥士、台灣民主推手的稱號？

坦白講，我沒有資格爲她回答這個問題。但是，對知識和行動的冷靜和理性，同時經驗和深刻學習到——晴美她對人的溫暖、對大自然的熱愛、對生命的熱愛、對新奇事物的好奇，以及面對許多困難時不被恐懼勒索的冷靜和行動力。

建立台灣獨立美好國家的艱難和不被理解，常常會讓我們容易陷入憤世嫉俗或不被理解的悲愴，而無法好好愛自己、無法好好熱愛生命，盡讓孤絕和憤怒綁架了我們，也讓我們無法好好愛著身邊的伴侶、家人和簡單的人事物。如果您曾經有過或深陷這樣的困頓，請不要讓憤恨和恐懼阻礙了生命之河該有的流暢。

親愛的朋友們，請爲晴美好好認眞地活著、勇於去享受和熱愛生命，努力去愛、努力去看重每一項微小的喜悅、去善待身邊的人事物、好好愛自己。請記住她的微笑、溫暖和勇氣，請好好活著、請好好。

在這篇文章的一開始,我曾經想要怎樣描述她精彩和生動
的一生?因爲多數的朋友,可能沒有直接跟晴美接觸過。
如果可以,我想借用 2018 年在台灣上映的《幸福路上》作
爲一個對照的註腳,就是這是一部台灣歷史上或電影史或
文化紀錄上,少數以女性觀點來描述和的台灣政治史,而
黃晴美的生命就是台灣許多堅強女性堅毅的映照。

晴美是我相當敬重的前輩和喜愛的朋友,這是我期待透過
這篇文章爲晴美傳達給台灣關心她的家人和朋友的訊息。
謝謝!

2018/3/13 於台灣台北

劉璐娜爲財團法人青平台基金會社會培力中心主任

全家福（左二為黃晴美，左三為
黃文雄）

孩童時期的全家福（右三為黃晴美，左一為黃文雄）

少女時期的黃晴美。

大學時期的晴美（左），與相差八歲
的妹妹勝美。

母親、妹妹勝美（右）與晴美（左）。

黃晴美、鄭自才與女兒日青 Jeanne，攝於 1967 年，Columbia university。

1972年9月1日 Aftonbladet 報第9頁
黃晴美女士在 Längholm 橋上絕食抗議

黃晴美女士在瑞典 Langholmen 監獄外絕食抗議鄭自才被引渡去美國，1972 年
9 月 1 日 Aftonbladet 報導。

鄭自才與兒女在瑞典慶祝台民生日，左起鄭自才、台民、日傑 Jay 及日青 Jeanne。

黃晴美在瑞典，右起日青 Jeanne、黃晴美、吳清桂及日傑 Jay。

巴黎之遊，右起日傑 Jay，黃晴美，日青 Jeanne，友人施興國、廖純如與女兒
Margaret。

環島之旅，住宿屏東旅館，左上是黃晴美，順時鐘方向
依序為日青 Jeanne、Kelly 孫女、鄭自才、Naima 外孫女、
Alex 外孫、Tobbie 孫子、女婿。

黃晴美採野花。

黃晴美與 Percy
Andersson 夫婿在遊
艇上。

黃晴美快樂出帆！

與年幼時的孫女孫兒
（日青的兒女）。

與 Percy 和長大不少的日青兒女。

黃晴美與外孫女 Naima 共餐。

右起黃晴美、Naima、日青 Jeanne、Alex、Percy Andersson。

黃晴美三代相聚在瑞典的公園草坪上，左上是黃晴美、Naima、Jay、Alex、
Emily 、Jeanne 、Devin、Kelly 和台民。

黃晴美與鄭台民。
黃晴美與孫女 Kelly。

黃晴美與日傑 Jay 餐聚。

黃晴美

快樂黃晴美與夫婿 Percy。

與夫婿 Percy 從事帆船活動。

Percy、黃晴美、孫女 Naima。

最後一次回國與哥哥文雄去池釣。

2000 年回國時，與哥哥文雄（左 3）、丈夫 Percy（左 2）、日青（前 1）、日傑（左 1）、女婿（右 1）及部份孫兒女。

Min älskade Maka
vår Mamma,
Mormor och Farmor

**Cecilia Huang
Andersson**

* 24 november 1939
† 30 januari 2018
har lämnat oss
i stor sorg och saknad

P E R C Y

JEANNE
Daniela Alex

JAY
Kelly Tobie

Släkt och vänner

CECILIA
Tack för Din stora kärlek
och Din omsorg om stora och
små alltid med tanke på
fred och rättvisa.
Tack för den tid vi hade
lyckan att få vara
tillsammans.
Percy

我親愛的妻子，
我們的媽媽，外媽和內媽

Cecilia 黃 Andersson
24.11.1939 - 30.1.2018

以極悲傷及懷念已經離開我們

Percy

Jeanne 日青
Daniela Alex

Jay 日傑
Kelly Tobie

親戚們和朋友們

感謝您的摯愛和照顧
不管是大小事總是想到平和與正義
感謝我們與您在一起的時候
所擁有的幸福

Percy

黃晴美訃聞刊在瑞典報紙，原文是瑞典文，翻譯成中文。

黃晴美 遺作

Hṁh-hṁh 食三碗飯 ê 反抗者

1958 年高三下學期，tī 新竹女中 ê 運動埕，降旗典禮 tsiah suah，1 班 1 班 ê 同學排隊 leh 行轉去教室。訓導主任 tè 高三班 ê 隊伍，ná leh kap 1 ê 矮 kóo 學生講話。Hit-ê 細漢 tsa-bóo gín-á 並無 kā kha 步停 -- 落 - 來。I ná 回頭 ìn 主任，ná 1 步 1 步 tè 班隊向教室行 -- 轉 - 去。

訓導主任 beh liàh 我入國民黨。

我一直用軟步 leh bih--i。

親像講：課間 hioh 睏時間，看著 i 派來「liàh 人」ê 工友，我就 tuì 教室另外 1 pîng ê 窗 á 跳 -- 出 - 去，hōo i tshuē 無人，有 tsit-kuá 同學 mā ē kā 我 tàu 注意。當然最後 iáu 是 hōo liàh-- 著。我就用「Gún a-pah 是自來水廠長，是國民黨員，ē hōo pah-pah 做 tshui 薦人」tsiah 逃過 hit 關。

1963 年，申請著美國 Pittsburgh 大學 ê 獎學金去美國留學。烏人受壓迫 kap in 爭取 in 人權 ê 運動教我「beh 愛 tih 人權 tiòh 靠家己去爭取，i bē 家己來 tshuē-- 你！」。

Tī tshinn-soo ê 外國得著盡公 ê 老 pē 受害入獄 ê 消息 hōo 我親身感受 -- 著，也看 koh-khah 清楚國民黨 ê 惡質。家己得著瑞典 ê 政治庇護也參加救助 uì 各國逃來瑞典 ê 政治難民，「人權隨時有受著侵害 ê 危險」，lán ài 警覺！

加入爭取 kap tshui 動移民 gín-á 母語教學 ê 事工，因為相信保留 kap 發展母語是人出世就 tsah-- 來 ê 權利 kap 義務。

   *   *本文是《台灣人寫真－台文 BONG 報散文精選輯》所收錄 ê 黃晴美作品〈阿兄 kap 四二四〉ê 作者簡介*

阿兄 kap「四二四」

話頭：

1980 年秋天《美麗島雜誌》用週報 ê 形式 tī 美國西岸 ê 加州復刊。I「beh 積極去鼓勵島內外台灣人 ê 運動，堅定 beh 繼續去發揮台灣人 m̄ 妥協 ê 精神」。1981 年 i 推出《四二四事件專集》。Tī 續 -- 落 - 去 hit 幾期，i chiū 讀者 ê 反應登 -- 出 - 來，回應相當熱烈。

當時我也寫 1 篇〈文雄與「四二四」〉（原文是華文）投稿參與，因為有 1-kóa 考慮，無用真名發表。這 chūn 決定 hō《台文 BONG 報》編輯部改寫做台文發表。

「四二四事件」30 年後 ê 公元 2000 年 3-- 月，台灣人選出 ka-kī--ê，非國民黨 ê 總統。1 個除了某 1-kóa 血案以外，khah chió 流血 ê 革命成功 --lö。逐家歡喜，吐 1 個氣（khùi），同時也 kā ka-kī 提醒：bōe-sái chiū 1 個

koh-khah 大，koh-khah 重 ê 責任放 bōe 記 -- 得，lán ài 盡
全力去保護這欉民主 ê íⁿ-á，hō i 勇壯、堅強，bōe hông
at-chih-- 去。

11 年。四二四事件發生到 taⁿ，已經 11 年 --ah。這 11 年來，
島外有 bōe-chió 類似四二四事件 ê 震撼力 ê tāi-chì，親像美
國總統 Nixon 訪問中國、中美建交，m̄-koh lán ê 革命運動並
無為著 án-ne 來大進步 iah 倒退 lu。台灣革命 iáu 是照 i ka-kī
穩定 ê kha 步，1 步 1 步加速邁進。我 m̄ 知影若 hō 阿兄寫
這篇文，i 會講 siáⁿ-mih。M̄-koh 根據我對 i ê 了解，i 對這 11
年應該有 kap 我 sio-siâng ê 感想。

阿兄 khah 早 tiāⁿ-tiāⁿ kā 朋友推銷 i ê「自傳治療」：假使你
pōng 著 bōe 順 sī（iah 順 sī）ê tāi-chì，會 sái 想像講你已經到
寫回憶錄 ê 年歲，這項 bōe 順 sī iah 順 sī ê tāi-chì 到底 beh 占
1 章？1 節？1 段？1 句？Iah 是根本都無值得提起？甚至
lóng bōe 記 -- 得 -ah？Che 是 i tùi 政大新聞研究所時期所寫
ê 1 篇〈論新聞與歷史〉chhōa-- 出 - 來 ê 觀點。今 á 日 lán 越
頭看四二四事件，我想 mā 應該 án-ne 來看。

事實上，阿兄 tī 四二四過後就已經 án-ne leh 看「hit 條頭條
新聞」。會記得有 1 pái i 問幾位同鄉：「Lín 聽過吳 X X

這個人 -- 無？」在座 ê 同鄉 lóng 講無聽過。阿兄 chiah kā in
講：吳 XX kap 其他幾十位台灣士兵士官，爲著 tī 金門軍中
推動革命建國組織 soah hông liàh、hông thâi。我想阿兄 ê 意
思是講：台灣人 ê 革命行動眞 chōe，「四二四」不過是其
中之一 niâ。用新聞宣傳 ê hàm 鏡看，「四二四」有影轟動
1 時；用歷史 ê 吊鏡看，金門幾十位士兵士官級台灣人 ê 軍
中組織，恐驚 chiah 是 koh-khah 有意義 ê 發展。

無 tiāⁿ-tiòh 有人 liàh 準我 kā 「四二四」矮化 --ah。M̄-koh 我
知影阿兄對革命嚴肅 koh 認眞 ê 態度；我知影 i 會第一個贊
成我 án-ne 講。阿兄 ê 1 個外國朋友 bat 笑 i 是「革命『市
儈』」：阿兄總是想 beh tùi 每 1 個革命行動盡量加趁 kóa
效果，親像 1 個資本家走 chhōe 上大 ê 利純 kāng 款。阿兄
tī 這方面確實是「市儈氣」眞重。

就「四二四」來講，這個行動 ê 目標之一是「武裝宣傳」，
當時當然 ài 透過宣傳動員，kā 效果最大化。M̄-koh 宣傳
戰 soah，tāi-chì 過 --ah，he 就是另外 1 回事 --ah。可比講，
「四二四」同時也是無經過組織協調 ê 個人武裝行動。Tī
運動 iáu tú leh 起步 ê 時 chūn，這種行動可能好 -- 處 chōe、
bái-- 處 chió。Tī 其他革命階段 --leh？ He 就值得探討 --lò。
「四二四」了後，kan-taⁿ 運動 ê 左派批評討論過個人武裝

行動 ê 問題。M̄-koh 就算是 che 1-sut-á 批評討論，mā 是 ná 田嬰點水 niâ。阿兄雖 bóng 了解這種現象是 lán ê 文化風氣造成 --ê，iáu 是禁 bōe tiâu 感覺失望。I bat 用假名寫過 1 篇文章。（M̄ 知是 i 無寄 -- 出 - 去，iah 是人無 kā 刊 -- 出 - 來？）

這幾年來，因爲島內有 chōe-chōe 群眾參與，lán ê 革命行動已經進入 1 個新 ê 階段。逐家若會得借解剖「四二四」ê 時，kā 這個問題好好 á 討論 --1- 下，甚至開始建立公開批評討論 ê 風氣，án-ne，阿兄一定會爲著「koh 加趁 --tām-póh」來歡喜乾杯。

我 m̄ 知影阿兄 chit-má tī toh 位。《New York 時報》bat 報導 i 去北京 ê 傳聞。關係這個傳聞，我相信阿兄 1 個外國左派朋友講 ê 話：「除非台灣革命運動有夠強，若無，i bōe 去中國。」阿兄 ê 外國朋友中間 bat 傳講 i tī Chile（智利）ê 消息。Chile 人民革命 hō͘ 美國政府牽拖敗 -- 去了後，關心 ê 朋友走去南美洲調查 i 有走 -- 出 - 去 - 無。結論是：I 無去 Chile。阿兄講過，i 有 2 條命。「四二四」以前是 1 條，「四二四」了後是加趁 -- 來 ê 1 條。M̄ 管 i 人 tī toh 位，我相信 i 一定 iáu teh 爲故鄉 ê 前途斟酌 phah 算。

無人比黃、鄭 2 家伙 á koh-khah 會得體會「四二四」了後，

台灣人所表現 ê 同胞愛〔註〕。這股同胞愛正是台灣人 ê 革命行動 ê 表現。Lán 做伙為著革命 ê 成功來 phah 拚。到 hit 時，萬物各得其所，「四二四」也 beh 理所當然變成台灣革命編年史上 1-chōa-á 字。Che kám m̄ 是 lán 每 1 個人暝日 ǹg 望、食苦祈求 ê 日子 --leh？

　＊　　本文 2002 年 4 月 15 日刊佇《台文 BONG 報》雜誌第 67 期；Hit 時 ê《台文 BONG 報》羅馬字採用傳統白話字。

〔註〕　Chia 所講 ê「同胞」是指所有 ê 台灣人。捐款 hō̄「黃鄭支援基金」--ê 包括 bōe-chió 1949 年以後 tùi 中國來台灣 ê 同胞。

追想四二四事件
kap gún tau（我們家）ê 故事

追想　hō 人了解這世人

　　án-chóaⁿ 行 -- 過 - 來

追想　hō 親情、友情 kap

　　人道情 ê 溫暖

　　koh 1 pái ù 燒 心肝

追想　幫助人看 khah 清楚

　　續 -- 落 - 來 ê 路 beh án-chóaⁿ 行

我 kap 阿兄文雄

我有 1 個快樂 ê gín-á 時代，雖然 gún 老 pē 是 1 個庄 kha 出世、ham-bān 趁錢 ê 工程師。I 全心為桃園縣 kap 新竹市 ê 建設 phah 拚，無時間 kap 我 thit-thô，m̄-koh i「為公忘私」ê 精神 hō͘ 我 chiok 敬佩，i ê 精神加加減減有傳 tī-leh gún 這 kóa gín-á ê 血管內。

Gún tau 會 hō͘ 人選做新竹市 ê 模範家庭，是因為 gún 老 pē 有 1 個賢慧、gâu 變奇術 ê bó͘──我 1997 年 tī 台北耕莘病院見最後 1 面 ê 老母。I 是林占梅 ê 後代，hō͘ 人公認 ê 新竹西門林公館美人。第二次世界大戰結束，老 pē hông 派去桃園縣 ê 建設課工作，phah 輸走贏 ê 國民黨政府幾 nā 個月薪水發 bōe 出 -- 來，公務員家庭 ê 生活非常困苦。無錢 thang 買布做衫 hō͘ gún 這 5 個 tng-leh 大 ê gín-á 穿，ma-ma 就 kā ka-kī kap pa-pa ê 衫拆 -- 起 - 來，改做 gún ê 衫 á 褲。Pa-pa ê 薪水無夠 thang 飼飽 5 個 gín-á，ma-ma 就 chhōa gún tī 日本宿舍牆圍內 ê 空地 á 種菜。沃肥 ê 柴桶真重，若無 1 個會得 tè-leh 食苦 ê 小助手──kan-taⁿ 8 歲 ê 大 kiáⁿ，我 ê 阿兄（文雄）──nì-chiàng，ma-ma mā 無可能會得 kā 肥桶 á kap 其他需要 ê ke-si ùi 新竹庄 kha 提來桃園。 Nì-chiàng kap ma-ma 用心辛苦經營 ê 菜園是我 kap 下 kha 3 個小弟小妹心目中上

súi、上好食 ê「花」園 á，雖然 nì-chiàng hit-má kan-ta 加我 2 歲，m̄-koh，gún tau 大人 kap gín-á ê 分界線畫 tī i kap 我 ê 中間，有 i 擔 --leh，我 chiah 會得繼續享受 gín-á 生活 ê 幸福。

I 教 gún án-chóaⁿ 去過接觸大自然 ê 生活。I chhōa gún tùi 新竹市內沿縱貫大路向北行去頭前溪，教 gún án-chóaⁿ 釣魚 á、liàh 蝦 á，chah tńg 去 hō͘ 身體 lám ê ma-ma 補。I chhōa gún 去庄 kha 用 ka-kī 做 ê 鳥 phiàk-á phiàk 鳥 á，tòa 溪 á 邊烘鳥 á pa 食，bōe 輸 teh 過年。熱天日頭大，i 驚我曝破病，tiāⁿ-tiāⁿ 削樹枝 iah 是大葉 á 做世界上好 sńg ê 傘 hō͘ 我遮日。讀師大 ê 時，我乖乖 tī 學校內讀冊，兼做家教趁所費，m̄ 敢也無經濟能力 kap 同學出去 thit-thô，阿兄三不五時就來招我用免開錢 ê 方式去郊遊。有 1 個禮拜日，i tī 政大宿舍煮燒麋，用滾水罐 tóe--leh，chhōa 我去陽明山水 chhiâng（瀑布）頭前坐 tī 細個亭 á 下 kha lim 燒麋，聽雨聲 kap 水聲，欣賞四周圍 kap 沿路 hō͘ 水 chhiâng 噴 -- 出 - 來 ê 水 hām 雨水 ak 到青 lèng-lèng、紅 kì-kì ê 花草。

其實，我這個 gōng 小妹若 m̄ 是好運有這個 tùi tāi-chì gâu 觀察、分析清楚 ê 好阿兄、眞可能就無今 á 日 ê 我。新竹女中初中部畢業 ê 時，照公務員家庭 ê 經濟能力來講，kan-taⁿ 有可能去讀師範學校，m̄-koh ma-ma 嘴齒根咬 --leh，照我

ê 希望，hō 我繼續讀高中部。我也認眞讀冊爭取獎學金，thang 減 chió pē 母 ê 負擔。高 3 ê 時，開始思考畢業後 ê 出路。學校當局是 kā 我算做一定會考 tiâu 台大 ê 學生，鼓勵我第一志願塡台大。我心內知影照厝 --nih ê 經濟狀況看 --起 - 來，tiȯh-ài 去食頭路 tàu 趁錢，無 thang 去讀台灣大學外文系，tiāⁿ-tiāⁿ tī 2 個極端中間 teh chhia-pôaⁿ，心理 soah 變無平衡，開始反抗，認爲 ma-ma 對我 khah bái，家事 lóng boeh 叫我做，認定 ka-kī m̄ 是 ma-ma 親生 ê cha-bó-kiáⁿ。想愈 chē，soah 愈鑽愈深，甚至想 beh 離家出走。Ka-chài 有 1 日，nì-chiàng tùi 政大 tńg-- 來，發見我寫 ê 日記，kap 我談眞久，眞有耐性分析 hō 我聽，我 chiah hiông-hiông tùi 1 個惡夢清醒 -- 起 - 來。I kā 我 tàu chhē 出 1 條路來，塡師範大學英語系，會得讀英文 koh m̄ 免用錢。

師大英語中心讀 4 年畢業後，tńg 去渡過 6 年快樂學生生活 ê 母校新竹女中實習，負責高一學生 ê 英語教學。以前疼 -- 我 ê 老師變做同事；校長、教務主任 lóng 信任 -- 我，hō 我空間去自由發揮我 ê 教學方法；學生 ká-ná 我 ê 大 hàn 小妹。每日早早去上班，boeh 暗 á chiah 離開學校；逐月日 ê 薪水 lóng 原封提 tńg 去厝交 hō ma-ma。有需要 ê 時 chiah kā ma-ma 領零用金。總講 --1- 句，過 --ê iáu-koh m̄ 是眞正進入社會 ê 生活。幾 nā 個家境好 --ê、親近 ê 同學 lóng teh 申

請出國。雖然我知影恨貪污 ê 老 pē 經濟上是絕對無可能 hō 我出國去留學，厝 --nih 需要我 ê 薪水來補貼，m̄-koh 我 iáu-koh 是擋 bōe tiâu tòe in 去申請 sńg--ê（beh 證明我無比 in khah 差？）。結果 soah hō 我請著 Pittsburgh 大學社會研究所 ê 獎學金。申請著獎學金，kui 家人 lóng 替我歡喜。續 -- 落 - 來 soah 是心內 bōe 講 --leh ê 大衝突：我 kám chiâⁿ 實 boeh 放棄這個機會？我 kám chiâⁿ 實會用得 kā 厝 --nih ê 人放 --leh 做我出國 -- 去？去 Pittsburgh ê 旅費 boeh tùi toh 位去提？

Ka-chài 有阿兄 thang 討論。台灣 chiah-nih 細，i 鼓勵我把握這個好機會出去看外面 ê 世界，hō 眼光開闊，無一定 ài 提著學位 chiah tńg-- 來。我 kā pa-pa、ma-ma 講我上 chē 出去 3 年就會 tńg 來好好 á 養孝 --in。無想到 1 去 28 年 bōe 得 tńg-- 來，koh hō in 食 hiah-nih chōe 苦。阿兄驚這個單純 koh hâm-bān kap 人爭 ê 小妹出國去會食虧，逐遍 tùi 台北 tńg 來新竹 lóng 了真 chē 時間 kap 我「開講」，教我 tī 外國 ka-kī 1 人 ài án-chóaⁿ 對待 -- 人、án-chóaⁿ 處理 tāi-chì。我記上 tiâu ê 2 句話是：「M̄-thang 驚去問 -- 人，m̄ 知 tio̍h-ài 問」kap「出外靠朋友，ài 好好 á 交朋友」。

Tī Pittsburgh 大學領 ê 助教獎學金，我儉儉 á 用，1 學期後就 kā 借來買飛機票 ê 債還清，第 2 學期儉 -- 落 - 來 ê 錢 tú 好

有夠買阿兄來 Pittsburgh 大學 ê 飛機票。I 來到 tè，我 chiah 知影我出國了後 hit 年厝 --nih 發生 1 層驚天動地 ê 大 tāi-chì。厝 --nih ê 人驚我煩惱，一直無 hō 我知影。原來，pa-pa 幾 nā 年來用全力去救活 ê 新竹市自來水廠 ê 財政 tùi 赤字變烏字了後，有 1 kóa 人目孔赤，beh 搶廠長職位。In 買收 pa-pa hit 個官派 ê 祕書來陷害 --i。我所敬愛 ê pa-pa，一生為公 phah 拚 ê 模範公務員，soah 也會 hō 人 liàh 去關！

阿兄 sì-kè 去走 chông，pa-pa tī 阿兄出國 1 禮拜以後 chiah hông 放 -- 出 - 來。Pa-pa 決定 m̄ koh tńg 去 hit 個廠長職位，離開奉獻一生 ê 公職。

雖然申請著 Pittsburgh 大學社會研究所 ê 獎學金，阿兄並無 chiok 想 boeh 出國，這項 tāi-chì hō i 決定出國去讀冊，chiū 獎學金儉 -- 落 - 來，兼做工趁美金，chiū 錢寄 tńg 台北幫助 pa-pa、ma-ma kap 小弟小妹。眞 ka-chài，阿兄做這個決定。I 到 Pittsburgh 大學 2 禮拜了後，i ê 好朋友謝聰敏先生 kap 魏廷朝先生 hō 國民黨 liàh 去關。

若準 kā 這個家庭看做 1 間隨時 ài 面對經濟危機 ê 工廠，pa-pa 是 kan-taⁿ 想著生產優等產品 ê 廠長，ma-ma 是逐項 lóng ài 想 ê 總管，阿兄就是總管 ê 軍師 kap chhōa 頭示範 ê 總

工頭。厝內 ê khang-khè，i chhōa 頭，無分 ta-po͘、cha-bó，kan-ta 看大細，5 個兄弟姊妹分工做家事。阿兄 tùi 真細漢就知影 ma-ma ê 苦 thàng，翁婿 tiāⁿ-tiāⁿ 為公出差，無 tī 厝--nih，gín-á 直直生，生了後無 thang 調養身體，對健康真損。阿兄自細漢就是 ma-ma bōe 得無 ê 助手。

Gún 這家並 bōe kan-taⁿ 因為某 1 個人是所謂 ê「外省人」就用另外 1 個眼光去看--i。我 chiâⁿ 親 ê 3 姨就嫁 hō͘「外省人」。我上接近 kap 尊敬 ê 老師有 1 半是「外省人」，接近 ê 同學 mā kāng 款。阿兄 mā bat 1 kóa 我 ê 同學 kap 老師。I kap tī 新竹女中 1 位 chiok 受學生愛戴 ê「外省」地理老師——陳偉老師真熟，50 年代蔣政權起 siáu，用匪諜 ê 名義 liàh 大批人去關 hit chūn，陳偉老師 mā hông liàh-- 去。Gún 這大 tīn 同學 m̄ 相信陳老師是 pháiⁿ 人，傷心、siū 氣 koh 驚 hiâⁿ，雖然關心，m̄-koh m̄ 敢去看老師娘。阿兄例外，i 無像 chiâⁿ chōe 人驚受拖累--著，tiāⁿ-tiāⁿ 去看老師娘。

阿兄無注重物質享受，有錢一定先去買書。書讀 chōe，面闊 koh 深，有技巧，mā 真「ke-pô」，ài chiū ka-kī ê 技巧 kap 人分享。尤其是 i 自修英語 hit 套方法，幫助 bōe chió 為 beh 出國考 TOEFL ê 人。我這個小妹加加減減 mā 有受著 i ê 影響。1991 年底我用瑞典（Sweden）翁婿做保鏢，順利 tī 中

正機場成功入關了後，開始每年 tńg 去思念 28 年 ê 母國。
當然，一定去大書店 sėh-sėh--leh，也一定去台大邊 --á ê「台
灣 ê 店」買幾本 á 有關台灣 ê 書。96 年知影阿兄返台成功，
公開出面，bōe 等 --leh，趕緊請假 tńg-- 去。Hiah-nih chōe 年
無見面，1 chūn 興奮過去了後，I kap 我 koh 親像出國以前，
hioh 熱坐 tī 亭 á kha 開講 kāng 款，坐 tī 塗 kha 講 -- 起 - 來：

我講 chiah-nih chōe 年來，tī 瑞典學校教書，受政府聘請做
母語教師，tiāⁿ-tiāⁿ 安排機會向學校請假去 Stockholms 大學
修語言學，無想到阿兄 m̄-nā 知影語言大師 Chomsky ê 語言
理論，iáu-koh 介紹大師所寫 ê 社會、政治、哲學方面 ê 書
hō-- 我。講著婦女運動，i 紹介我 iáu-koh m̄ 知影 ê「女書店」。
I 關心環保，已經去看過台灣 pùn-sò 污染上 kài 嚴重 ê 地區。
Gún mā 談著弱勢團體（像工人）、族群（像原住民）kap
對 in ê 關心。

個半月以後，我 koh 再離開台灣 tńg 來瑞典。Tī 飛機頂，
ka-kī 1 個人 chiah 有時間去整理這段團圓 ê 過程所得 -- 著
ê 印象。我真歡喜阿兄 iáu-koh 是我會記 -- 得 ê hit 個 Nì-
chiàng。Gún 雖然分開 hiah-nih 久，m̄-koh 並無因為 án-ni 行
2 條無 siāng 方向 ê 路。我 mā 發見，雖然 chiah-nih chōe 年來
ê 經驗 hō 我真 chōe 機會去學習 bōe chió tāi-chì，m̄-koh kap i 比 --

起 - 來，iáu-koh 是差 1 大 chat。I 三不五時 iáu-koh 是 tióh-ài
親像古早 án-ni 停落來 kā 我牽 --1- 下。我 mā 知影 i iáu-koh
有耐性 kap 愛心來繼續 án-ni 做。想到 chia，目 chiu 前浮出
1 個畫面：

Tú 落過 1 chūn 雨，
藏 tī 烏雲後壁 ê 日頭
　koh 探頭出 -- 來，
新店溪邊 ê 溪埔頂
有 3、4 個人 teh 行。
Tú 著 1 窟水，人群中 ê
　少年阿公 --á khû-- 落 - 來，
chiū hit 個少年阿婆 --á
　Āiⁿ-- 起 - 來，潦過水窟。
Hit 個少年阿公 --á 是我 ê 阿兄，
Hit 個少年阿婆 --á 是我。

Kap 「同志翁婿」自財相 bat

Tò-tńg 去想 1963 年開始 kap 自財結 ê 夫妻姻緣，感覺一切
lóng 眞自然，ká-ná 早就注定 --ah。

1 個散赤公務員 ê cha-bó-kiáⁿ，去讀師大就是爲著畢業後有教書 ê 頭路，thang 趁錢去 tàu chhiâⁿ 小弟小妹，mā 接受命運 ê 安排，m̄ 敢 siàu 想會得出國留學。我 tè 同學去申請獎學金，下意識可能是 boeh hō ka-kī 會得死心：若申請無著是我 ka-kī m̄ 是出國 ê 材料；若申請 -- 著，會得安慰 ka-kī 講「我並無比別人 khah 差」。會去美國是當初想 bōe 著 ê 發展。

美國 hiah-nih 大，我申請 -- 著 ê Pittsburgh 大學偏偏 á kap 自財讀 ê Cornegie Institute of Technology 相隔壁。Pittsburgh 城 ê 台灣留學生聯誼會辦新生歡迎會，我是自財負責聯絡邀請 ê 新生之一。Hit 暗 tī 同樂會中，自財就 kā 我提起台灣獨立運動 ê tāi-chì，我也無感覺有 siáⁿ-mih 奇怪，眞自然就談 -- 落 - 去。

50 年代、60 年代 tī 台灣看 -- 著、聽 -- 著、經驗 -- 過 ê 無正常 ê tāi-chì，lóng kan-taⁿ 是 hông 收壓 tī 頭殼內上底 --á hit 層，來到美國以後，無當時台灣 hit 種政治壓力 kap 氣氛 ê 束縛，hiông-hiông 1 件 1 件浮 -- 出 - 來，tùi 我 ê 嘴內 bōe-su 放送機 án-ni 一直送 -- 出 - 來。

親像：二二八事件 hit-má 我 tú-á 開始讀一年，有 1 日，ma-

ma hiông-hiông 去學校 kā 我 chhōa tńg 去厝 --nih，叫 gún bōe-
ēng-leh 出 -- 去。Gún 這幾個 gín-á 就 khiā tī 日本宿舍 ê 走廊，
看厝後壁桃園縣長公館花園內 hit 堆慢慢 á、直直 kôan-- 起 -
來 ê「財產山」，火點 tòh，變做火山燒 -- 起 - 來。Hit-má
iáu 細漢，m̄ bat tāi-chì，看 kah 真心適。大 hàn 以後 chiah 知
影，國民黨派任 ê 桃園縣長大貪污，幾 nā 個月無發薪水，
逐家 chiok 憤慨。Hit-má ê 人有夠純真，雖然生活困苦，mā
無人 chiū 縣長公館 hit 堆用 in ê 薪水去買 -- 來 ê 貪污財搬
tńg 去 ka-kī 厝 --nih。

M̄ 知看「火燒山」幾工後，聽大人講隔壁日本宿舍 ê「榻
榻米」下面 ê 柴枋 hō͘ 人 kiāu-- 起 - 來，bih tī 內面 ê 台灣人
lóng hông liàh-- 去。

Tī 頂 pha 提起 ê 50 年代新竹女中 ê 老師 hông liàh-- 去 hit 項
tāi-chì。

我 ê 工程師老 pē 拚全力為新竹市建設、開路，建立現代化
ê 交通網，不得不拆除 kā 重要交通路口塞 tiâu ê 違章建築，
soah 受恐嚇。逐暝 i 若無特別原因 òaⁿ tńg-- 來，ma-ma kap
gún chia-ê gín-á 就坐 leh khòk-khòk 等，khòk-khòk 煩惱。

我高中 beh 畢業以前，án-chóaⁿ kap beh liáh 我入國民黨 ê 訓導主任走相 liáh，hit 遍 hō in liáh 無著。後 -- 來，師大畢業，tńg 去母校實習，教務主任 boeh 介紹我入國民黨，我用「Pa-pa 是國民黨員，我若 boeh 加入，會 chhē pa-pa 介紹」做藉口逃 -- 過。（Pa-pa 因為是做水廠廠長，不得已 ài 入國民黨。I 真 m̄ 情願。入黨 kan-taⁿ 掛名 nā-niā，無想著 iáu-koh 有這個功能。）

Bat 聽阿兄講外島老兵 ê 故事，in 講：「毛澤東 ê 共產黨害 gún 失去 pē 母；蔣介石 ê 國民黨害 gún 無 kiáⁿ 孫。」……

會記得，hit 暗自財 kap 我 2 個人談 kah chiok 投緣。我感覺 i 是 1 個 chiâⁿ 樸實、有正義感、做 tāi-chì 頂眞 ê 青年，讀建築，gún 對文學、藝術有共同 ê 興趣，就自然接近 -- 起 - 來。

3 分鐘 é-káu ê 衝擊

申請著獎學金，意外受著 pa-pa、ma-ma kap 阿兄 ê 贊成 kap 鼓勵出國。因爲事先並無準備，突然間有 bōe 算 leh chōe ê tāi-chì ài tī 短期內處理好；kap 學校連絡，chhē 資料，初步了解 Pittsburgh 這個城市，美國這個國家、社會，申請護照、簽證，考 TOEFL，lúi 機票錢，kap 阿公、阿媽 1-kóa 親 chiâⁿ

告別等等，koh 有做衫 á 褲……。

Ma-ma 煩惱我人 chiah-nih 細漢，去 hit 個「巨人國」一定買 bōe 著適當 ê 衫 thang 穿。I chhōa 我去布店阿姨 hia péng 時裝雜誌、揀衫形、買布、量寸尺、剪裁；我 tàu chhia、tàu thīn。做好試穿 ê 時，感覺 ká-ná teh 時裝表演，眞心適。Ma-ma chiū 我出國以後可能 tú-- 著 ê 場合 lóng 去想 -- 著，做好 ê 衫 1 類 1 堆，排 1 排 tī 地板，ma-ma ê 朋友來，看 -- 著笑講：「Bōe-su teh 辦嫁妝 --leh ！」

Chiah-nih chōe tāi-chì 積 tī 短短 1 個暑假內面發生，尤其是其中大部分 lóng 是這世人第 1 遍 tú-- 著 -ê。Kui 個人 ká-ná hō 人 liảh leh sèh-lin-long，lóng bōe 赴去想、去感覺，一直到 chhē 著飛機頂 ê 座位，安全帶縛好，tùi 細個玻璃窗 á 看 -- 出 - 去，想 beh tī 1 大堆 leh iảt 手 ê 人群中 chhē 出 pa-pa、ma-ma kap 兄弟小妹，chiah hiông-hiông 醒 -- 起 - 來，心肝頭疼 1 下。我這 chōa 路 hiah-nih 遠，旅費 hiah-nih 貴，m̄ 知 siáⁿ-mih 時 chūn chiah 會得 koh 看著 in ，也 chiah 想著 ma-ma 這 3 個月是用 siáⁿ-mih 款 ê 心情 leh 趕做 hit 箱衫 hō-- 我；想 beh 走 tńg 去 kā ma-ma moʰ--leh，可惜已經 bōe 赴 --ah，目屎 bōe 停，直直流 -- 落 - 來。

飛機飛 kôan-- 去，第 1 遍 tùi 天頂看台灣島，hiah-nih súi ê 島，透過目屎看，sió-khóa 霧霧，ká-ná 圖中 ê 仙境。我 kám 眞正 beh 離開這個所在？ Tī 飛機頂哭 jōa 久已經 bōe 記 -- 得 -lò。M̄-koh iáu 會記得 tī Pittsburgh 大學 ê 第 1 學期，尤其是 tú 開始 hit-chām，teh 看冊 ê 時 chūn，tiāⁿ-tiāⁿ 看無幾頁，紙頂面 ê 字就會 hiông-hiông 消失 -- 去，換做 gún tau 1 家伙 á 生活中 ê 某 1 個鏡頭。

雖然 tī 師大英語中心讀 4 年英語，上課 lóng 用英語，教師群內面 mā 有幾 nā 位是美國人，ka-kī 認爲英語聽、講 ê 能力算 bōe bái，無想到去到美國 tī 學校內聽課 iáu 無 siáⁿ 問題，m̄-koh 課外，尤其是校外，kap 人接觸，有時 á 會 kui 句 lóng 聽無。有 1 遍，我請 1 個人 kā i tú-chiah 講 -- 過 ê hit 2 字慢慢 á koh 講 --1- 遍，chiah 聽出 i 講 --ê 原來是 1 句眞簡單 ê 話。I chiū 前 1 字 ê 最後 1 音（準做子音）kap 續 -- 落 -去 hit 字 ê 頭 1 音（準做母音）連起來講，就 án-ni 幾個短字連做 1 個長字。聽 bat 以後 ka-kī 大聲笑 -- 出 - 來。這個語言現象 tī 英語中心有讀過，也有聽過幾個 á 例句，m̄-koh 可能因爲 hit 幾個美國老師 tī 台灣 tòa 久 --lò，koh 遷就學生聽英語 ê 能力，自然就 kā 講話 ê 速度放慢 -- 去，發音也講 khah 清楚。Gún 無機會 tī 實在 ê 生活中去練習聽 kap 講，讀 --著 ê hit-kóa 智識 tī 需要 ê 時 soah bōe-hiáu 用。

開始 hit 月日，我 kap 2 個「外省」cha-bó͘ gín-á 做伙稅厝，kui 日 lóng 講華語。以後搬入去學生宿舍 kap 2 個美國女學生 tòa，就 lóng 講英語。Kap 台灣厝 --nih ê 人連絡，無錢 thang khà 電話，寫 phoe tńg-- 去 mā 是用華語想，用華語寫，tòa tī 台灣 ê 時用 ê 40% 台語就 án-ni tùi 我 ê 生活中消失 -- 去，一直到去參加新留學生歡迎會 hit 暗。

歡迎會 tī 1 個老資格留學生 ê 厝 --nih 舉行。我到以後 kap 逐家 sāng 款用華語交談。Tī beh 去灶 kha ê 路 --nih tú 著 1 對 tú-chiah 到 ê 翁 bó͘，主人替 gún 紹介了後，in 開嘴用台語 kap 我講話。我聽有 in 問 ê 簡單問題，我 ê 回答 mā 清清楚楚 tī 頭殼內，我嘴開 -- 起 - 來，想 beh 用台語回答 ê 時，hit-kóa 話 nah 會 soah kê-tiâu--leh，講 bōe 出 -- 來，ká-ná é-káu-á。實際上可能 kan-taⁿ chhiân 3 秒鐘就 chhē 出 hit-kóa 台語字來，感覺上 ká-ná 有 3 分鐘 hiah-nih 久。Hit 暗，我就 thiau-kang 去 chhē 會講台語 ê 人講話，雖然講話中 tiāⁿ-tiāⁿ 摻 1-kóa 華語。

照我 hit 暗所受著「竟然講 bōe 出 ka-kī ê 母語」這個衝擊來看，自財 khà 電話來邀請 ê 時，短短 1、2 句是講華語。Hit 暗 ê「長談」應該是台語為主、用台語講 bōe 出 -- 來 ê 時，chiah 摻英語 kap 華語。自財（台南人，加我 3 歲）ê 台語

比我好 chiok chōe。Kap i 來往，我 ê 台語 m̄-nā tiāⁿ-tiāⁿ 用 ê 40% 眞緊就 koh 走 tò-tńg-- 來，因爲歹習慣無 leh 講 ê hit 40% mā 慢慢 á 直直 tńg-- 來。參加台獨運動以後，逐家見面、開會 lóng 講台語，「收復失土（台語）」ê 速度變 koh-khah 緊，可惜眞 chōe 學術性 ê 語詞因爲當初是用華語學 --ê，beh 學用台語講，進度 khah 慢，大部分 ê 台語諺語 mā iáu 停 tī 看 bat、bōe-hiáu 講 ê 程度，寫 phoe、寫文章 iáu 是繼續用華語文。

選嫁台獨青年　做伙行台獨路

Tī 師大英語中心專修英語 hō 我加得著 1 個重要 ê 做學問求智識 ê 工具。出國以後 tī 研究所讀 1 年 ê 社會學，雖然無提學位，soah hō 我加去 phah 開 1 面窗，thang 看外面 ê 世界。結婚以前，自財已經去離美國首都 Washington DC 駛車 40 分鐘 ê 海港城 Baltimore ê 建築公司 teh 食頭路。結婚以後，我離開 Pittsburgh 去 Baltimore 開始過進入社會 ê 生活（雖然 iáu 無辦法完全離開校園，暗時有去 Johns Hopkins 大學 ê 夜間部讀統計學）。

Gún 做伙去參加社會運動，尤其是 60 年代 ê 民權運動。會記得阿青 1 歲左右 ê 時，gún chhōa i 去參加 tī Washington DC ê 民權遊行，sak gín-á 車 sėh 美國總統 tòa ê 白宮，抗議美國白人對其他族群——特別是對烏人 ê 歧視。愈參入美國 ê 社會，愈會去感覺「受國民黨專權統治 ê 台灣」hit-kóa 政治社會 ê 病態，參加台灣獨立聯盟組織就變做是眞自然 ê tāi-chì，因爲 gún mā 希望有 1 個屬 tī ka-kī ê 開放 ê 社會 kap 國家。

爲著 beh 集中獨立運動 ê 效率，自財 tī 1968 年 chhōe 著 tī New York 市 1 間有名 ê 建築公司，Marcel Breuer ê 頭路，考慮著 gín-á 細漢，無適合 tòa 大都市 N.Y.，kui 家搬去 Edison New Jersey tòa，自財坐火車通勤，我早暗駛車去火車站送 kap 接。

Gún tòa ê hit 個社區是 1 個典型 ê N.Y.~N.J. 通勤家庭區，ká-ná 1 個小島，無管 beh 做 siáⁿ-mih tāi-chì，lóng tiȯh-ài 有車做船，用 gín-á kha 是絕對泅 bōe 到 --ê。對一般正常 ê 通勤家庭來講是 1 個理想 ê 住宅區，gín-á 有安全 ê 環境 thang kap 頂下歲 á ê 朋友 sńg；少年 ê ma-ma 家事做完就逐家相 chhōe，ná 看 gín-á sńg ná 開講。

開始 ê 時，我想講進入去社區 ê 人際交流眞重要，看阿青 kap 其他 gín-á sńg 會合，我就 oan-na 加入去開講。無到 1

禮拜，我就 chhē 藉口無 koh 去參加 --lö，因為我發見 in 談 ê 內容除了 gín-á 以外，就是 lóng 圍 tī-leh 畫妝、時裝、án-chóaⁿ hō͘ 翁婿歡喜、toh 位有時行 ê 家具 thang 買、愛情影片、某 1 家 ê 翁 bó͘ 關係……等主題 leh sèh。我有 chiok chōe tāi-chì ài 做，nah 有 hiah-nī chōe 時間去聽 in liū hiah-ê tāi-chì？

我 tú leh 用無 sâng 色彩 ê 大條 phòng 紗線鉤 1 條大地毯 thang hō͘ 2 歲外 ê 阿青，坐 --leh iah 是 tó--leh thit-thô，圖面是「Pa-pa、ma-ma kap 阿青」。我 mā leh 為 beh 去讀 ê Computer Programming ê 課做準備（1 禮拜 1 暗 ài 駛車去最近 ê 市），iáu 有，上重要 --ê，關心故鄉台灣 ê tāi-chì。

自財參與台灣獨立運動 ê 工作愈來愈深，下班後隨會得 tńg-- 來 ê 日愈來愈 chió，坐 ê 火車班愈來愈 òaⁿ，我 ê 電腦課讀 bōe 成。對家庭 ê 影響，心理上感覺上嚴重 ê hit 遍是 68 年 6 月中阿傑出世 2 禮拜發生 ê tāi-chì。阿傑 chiok gâu 食，我 ê 奶無夠，tiòh-ài 用牛奶粉補。Hit 日牛奶 teh-beh 無 --ah，車 hō͘ 自財駛去 khǹg tī 火車站，hit 日 i 無 siáⁿ-mih 會 ài 開，下班以後隨會得買牛奶粉 tńg-- 來。Beh 暗 á 自財 khà 電話 tńg 來講牛奶粉 i 買 --lö，m̄-koh 臨時有 tāi-chì，ài 開會會 khah òaⁿ--1-點 -á chiah tńg-- 來。阿傑 ê 牛奶粉補完 --lö，iáu 無老 pē ê 影，用摻蜜 ê 水 hō͘ suh，suh 水 bōe 飽，無幾分鐘後，

i 又 koh 大聲 háu。我想講（也希望）經過這 chām 時間已經有 koh 生產 1 點 á 奶 --lŏ，就 koh hō i 食奶，i 大力 suh-- 幾 - 個 -á，hō 我疼 kah 大聲 ai-- 出 - 來，i suh 無奶 mā 氣 kah 大聲 háu。Beh án-chóaⁿ？抱 leh 搖，無效。放 i háu？Bōe 用 -- leh！會 kā 隔壁 --ê 吵醒 -- 起 - 來。

「乖，乖，m̄-thang háu，pa-pa 坐 ê 火車 chit-má 到站 --a。Pa-pa liam-mi 就會駛車提牛奶 tńg-- 來。」

時鐘 ê 長針 1 步 1 步行，到 --lŏ！到 --lŏ！無停車聲。長針 koh 繼續行，阿傑 --á koh 繼續 háu。唯一 ê 辦法，khà 電話 hō 附近唯一 ê 台灣鄉親，拜託 in 半暝提牛奶來救 gún 母 á kiáⁿ。

自財 ê 解說是臨時發生 ê tāi-chì 隨時 ài 解決，i mā 無 êng 到連暗 tǹg 都無好好 á 食，soah 無 koh khà 電話，kan-taⁿ 想講緊辦好 thang 緊 tńg-- 來。這項 tāi-chì 替 gún 決定 ài 隨搬去 N.Y. 市。Chiâⁿ 緊就 tī Queensborough 區 ê Jackson Hights chhōe 著厝。

Jackson Hights ê 環境當然無 Edison hia hiah-nī 好，m̄-koh 自財會得節省來來去去火車通勤 ê 時間，而且逐項方便，離

Manhattan ê Central park、幾 nā 個有名 ê 美術館、博物館、Bronx ê 動物園、Long Island ê 沙埔等所在 lóng 無 jōa 遠，駛車 m̄ 免 jōa 久就會到，若有半日 ê 時間，就會得 chhōa gín-á 去 sèh-sèh、行行 --leh；因為地點方便，聯盟同志 tiāⁿ-tiāⁿ tī gún 厝聚會，阿青、阿傑 kap in pa-pa 見面、thit-thô ê 時間增加真 chē，in pē-kiáⁿ ê 關係變 kah chiok 親密。Iáu-koh 有 1 個重要 ê 好處，2 個 gín-á 雖然聽無大人 leh 講 siáⁿ-mih，in tùi 細漢就感覺著 in ê pē 母 kap tiāⁿ-tiāⁿ 來厝 --nih ê hit-kóa 阿伯、阿叔、阿姨有 1 個 in 熱愛 ê 所在，hit 個所在叫做台灣。

Tī New York 市這個大熔爐 ê 爐心，用 siáⁿ-mih 款 ê 教育方法教學 ê 學校都有。自財建築公司 ê 1 位同事介紹 in cha-bó͘-kiáⁿ leh 讀 ê hit 間 Montessori（蒙特梭利）幼稚園，kā hit 位同事送 ê 資料讀完以後，流 tī 我身軀內底 ê「教師血」已經 chhiāng-chhiāng 滾 --ah，hō͘ 我 kiōng-beh 坐 bōe tiâu。這個教育法 ê 基本精神（也會 sái 講是比其他教育法 khah 優秀 ê 所在）是：學習新 ê 物（mn̍gh）是所有 gín-á 出世就帶 -- 來 ê 意願需要 kap 能力，教育者上重要 ê 責任是為 in 設立 1 個 hō͘ in 會得受尊重，免受困擾 ê 學習環境，幫助 in 發展做會獨立思考、尊重 ka-kī mā 尊重別人 ê 個人。台灣 beh 成功變做 1 個獨立自尊 ê 國家、上需要 --ê 就是培養獨立自尊 ê 後 1 代。Gún 隨做 2 個決定：1. 送阿青去 Montessori 學校讀；2. 我

ka-kī 去接受 Montessori 教師 ê 訓練。

Hit 暝，我又 koh 做夢，夢見台灣獨立成功，我會得 tńg 去
台灣，訓練 Montessori 老師、公立 ê Montessori 幼稚園、小
學 ká-ná 春天 ê 花草，tī 台灣直直 puh-- 出 - 來。

Tú-chiah 到美國 hit chūn，tú-- 著 -ê、看 -- 著 -ê、聽 -- 著 -ê
lóng 隨時提來 kap 台灣比較，隨看出民主開放 ê 社會 kap 專
制封閉 ê 社會之間強烈 ê 差別（對比）。第一遍聽著 1 位
美國人同學講著 in ê 總統，直接叫 in 總統 ê 名，ká-ná 是 teh
叫 i ê 同窗 sâng 款，hō͘ 我心肝 chhiak--1- 下；tī 台灣 kan-taⁿ
有 2 個可能 ê 叫法，若 m̄ 是 X 總統，就是臭頭 á。這個衝
擊雖然細，i ê 影響相當久長。Tòa 無 jōa 久以後，mā 開始
看出美國並 m̄ 是我所想 ê 人權平等 ê 天堂，m̄-koh 對烏人 ê
同情 iáu-koh 一直 lóng 是留 tī 意識形態 hit 個階層，一直到
搬來 New York tòa 以後，chiah 有親身去體會 in 受 -- 著 -ê 欺
負。

逐遍駛車載阿青、阿傑去 Bronx 動物園 lóng tùi Central Park
上南 pêng hia oat 入去有名 ê Fifth Ave.（第五街），沿公園
ǹg 北駛去 Bronx 區。Central Park 北 pêng 是有惡名 ê 烏人貧
民區 Harlem。坐 tī 車內，沿路看外口 ê 街景，駛過第 80 街

以後，我就會愈看愈氣。開始 hit 段 lóng 是大商店，路邊 ê pùn-sò 籠無滿，塗 kha 無紙，愈 ǹg 北駛，籠 á 愈滿，塗 kha 開始有紙，籠 á 下 kha ê 紙愈來愈 chōe。New York 市政府若 oan-na 無派清潔人員去清大商店區、有錢人區 ê pùn-sò 籠，籠 á kha ê 紙是 m̄ 是 oan-na 會堆 kah 1 大堆？

Beh 送阿青去 Montessori 學校 tiòh-ài 駛 1 段 2 pêng lóng 烏人 tòa ê 街路。Kôaⁿ 天落雪，車駛到 hit 段街 tiòh-ài 特別注意，因為 hit 段街路 ê 雪無人去清。目 chiu 看，心內不平，m̄-koh m̄ 敢氣，車內有細漢 gín-á，專心駛車 khah 要緊。逐遍 tú 著東方人（包括台灣人在內）無經過頭殼想，習慣性 tè 白人批評烏人天性 pīn-tōaⁿ、lah-sap，我就會提出這 2 個我觀察 -- 著 ê 現象講 hō͘ in 聽。

美國 ê 社會，「白人」、「非白人」、「烏人」1 層 1 層分 kah 眞清楚（當然有例外）。我眞佩服民權運動領袖，美國 ê 烏人博士牧師 Martin Luther King（金恩），i 反對美國 參入去越戰，i mā 無贊成烏人 ê 民權運動用「Black Power」（烏色力量）做口號。I 認為所有 ê 散赤人無分皮膚 ê 色彩，應該聯合 -- 起 - 來，爭取 in ê 民權〔註 1〕。Lán 所有愛台灣 ê 人，無分原住民、Hō-ló 人、客人 iah 是 tè 蔣介石來 ê 新移民，mā tiòh-ài 聯合 -- 起 - 來，互相平等對待，保護 lán 共同

ê 生存空間，防止台灣 hō hit-kóa kan-taⁿ 顧滿足私人野心 kap 利益 ê 人（無分原住民、客人、Hō-ló 人 iah 戰後新移民），chiū 台灣出賣 hō 中國。

自財 hit 個時 chūn 是台獨聯盟總部 ê 執行祕書，in 開會 ê 題目若是我會 ēng-leh 知 --ê，kā 阿青、阿傑送去睏以後，我手提做 hō 阿青 ê 衫（iah 是別項家事），ná 聽討論 ná thīⁿ。有時 á gún ê 客廳會變做做布旗 á ê 工廠，做衫車 á chhia-- 出 - 來 -ê m̄ 是 gín-á 衫，是遊行用 ê 布旗 á，布頂貼 --ê m̄ 是 ke-kui-á、花、鳥 iah 是貓 á kap 狗 á，換做是 kap 台灣獨立有關係 ê 漢字 kap 拉丁字母。

1969 年爲著 beh 去 Williamsburg 替故鄉台灣來 ê 少年野球隊（少棒隊）加油，我 thàu 暝做 "TEAM OF TAIWAN, NOT REP OF CHINA"（台灣隊，m̄ 是中華民國隊）hit 支長橫布旗，爲著 beh 減 chió 風吹 -- 來 ê 時加 eh 旗頂 ê 壓力，thang khah 好擇，做好了後 thiau 工 koh tī 幾個部位策略性 ê ka 幾 nā 個大大 ê khang。Hit 遍因爲阿傑 iáu 眞細漢，我留 tī 厝 --nih，無 tè 去 tàu 擇布條旗 á，無參與著 hit 場「台灣」保衛戰。

1971 年 台灣少年野球隊（少棒隊）koh 遠征 Williamsburg，hit 時阿傑就 beh 3 歲 --lò，會得拜託 A 雪姐 --á 照顧，我就

有去參加，爲台灣野球少年軍 kap「台灣空軍」〔註 2〕加油。

厝 --nih 有細漢 gín-á tiòh-ài chhē 出 1 個 bōe 去 hō gín-á 受負面影響 ê 方式參加獨立運動。參加遊行 kap 其他無適合 chhōa gín-á 去 ê 政治活動 ê 時，幾個 á ma-ma 就輪流集中照顧 gín-á，hō 其他 ê ma-ma 會得放心去爲運動出力〔註 3〕。另外 1 個 khah 好參與 ê 活動是暗時 ê 讀冊會。自財有 tī 厝 --nih ê 暗時，chhòng hō gín-á 去睏了後，自財會得 tòa 厝 --nih 做 i ê tāi-chì，我就會得走 --ah。Gún 除了讀有關台灣 ê 書，像 George Kerr ê《Formsa Betrayed》（被出賣 ê 台灣）以外，mā 讀其他民族建國 ê 奮鬥史，1 個做報告，逐家討論。因爲個性 kap gín-á iáu 細漢 ê 關係，我一直 lóng 無行 tī 上前線。

四二四事件

四二四刺蔣計畫 tī 聯盟內部討論到 siáⁿ-mih 程度我無清楚。我同意阿兄文雄 kap 自財 ê 看法，認爲有值 leh 去做，我 tiòh 盡量去配合。我想，1 個人若投入去做 1 項 i 認爲是有意義 ê tāi-chì ê 時 chūn，i 根本都 bōe 去想 hiah-nī chhōe 個人 ê 安全 kap 利益。人若想 siuⁿ chōe 就會 kiu-kha。Hit 個時 chūn，我信任 in 2 人 ê 判斷，mā 有自信：無管結果如何，我有能力照顧我 ka-kī kap 2 個 gín-á。

1970 年，知影蔣經國 boeh 去美國訪問，聯盟開始計畫，boeh tī Washington D.C. kap New York 示威遊行。4 月 20 hit 日，gún ùi New York 駛車去 D.C.，先去 White House 頭前攑牌 á、分傳單，呼籲美國停止供給用來製造恐怖 ê 武器 hō 國民黨政權。續 -- 落 koh 去 D.C. 郊外 ê Andrew 軍事機場，攑頂頭寫台灣人意願 ê 大旗示威，迎接 --i，kā i 提醒：「台灣人無 boeh koh kek tiām-tiām。」

4 月 24 hit 日 chiū 2 個 gín-á 安排去 hō 1 位女同志照顧以後，我 kap 自財、阿兄做 1 個坐車去蔣經國 boeh 向美國工商協進會 ê 會員演講 ê Plaza Hotel 大門前廣場 kap 其他示威盟員、同鄉會合。12 點左右、蔣經國 ê 車隊到……銃聲發 -- 出，1 chūn 混亂……。

我衝出人牆，先看著自財 hō 大欉 ê 警察壓 tī 塗 kha，頭 hia hō 警察 kòng tio̍h 傷，血直直流。我 ê 身軀開始 boeh 向前衝 -- 去，同時，頭殼內突然間 hō 身軀 1 個命令：「Bōe-ēng--leh！厝 --nih 有 2 個細漢 gín-á！」

越頭看著我 ê Nì-chiàng hō sāng 款大欉 ê 警察押 --leh，頭攑 kah kôan-kôan，身軀 thêng kah 直直……。

Tī 幾 10 秒鐘內，我 ká-ná hông「點穴」sāng 款，khiā tī hia，bōe tín 動，kan-ta 用目 chiu leh 看無聲 ê 電影。

我 tiām-tiām tè tī 後壁，行去警察車 hia，看 in hông 載走 -- 去……。

1 聲銃聲，phah 出 1 個新 ê 戰場 —— 法院審判

出國以前雖然 tòa tī 受蔣 -- 家極權控制 ê 國家，因為是 cha-bó gín-á 學生，乖乖 tī 學校讀書，pa-pa koh 是「為公盡忠」拚命建設新竹市 ê 工程師，我 ê 生活 lóng 無 kap 法院、警察、監獄 ê 世界交 chhap-- 過。 Pa-pa hông. 陷害 liàh 去關 ê 時，我已經出國 --lǒ，雖然有 bōe 得講 ê 氣憤 mā 無親身去經驗 -- 著。四二四 hit e-pɔ tiām-tiām 看身邊上親 ê 2 個人～翁婿 kap 阿兄 hō 警察車載走以後，我是 án-chóaⁿ tńg 去 tī Queens 區 ê 厝，chit-má 已經 bōe 記得 --lǒ。天暗以後，我駛車去 Queens 區附近 ê 1 座大橋頂 chiū 厝 --nih hit 支銃 tàn 落去河底。我當時 ê 想法是：這 2 支銃 lóng 是無牌 --ê，因為是 beh 做地下革命運動用 --ê，ài 盡量減 chió kap 組織 ê 關係，chiū 銃 tàn 掉會得減 chió 1 分這款 ê 可能性。

對 hông 關 tī 監獄內失去自由 ê 人來講，若同時 koh 完全失

去 kap 外口世界 ê 接觸，是眞大 ê 痛苦。無管想 beh 做 siáⁿ-mih tāi-chì lóng tiòh-ài 靠別人。我是唯一會得做 in 2 個人 ê kha 手、耳、嘴 ê 人物，1 時之間，老母、牽手、小妹、同志以外、iáu koh ài 做 in ê 代理人、傳話人、保護人……。突然間，1 身 ài 變做幾 nā 個人用，根本都無時間 thang 去做軟 chiáⁿ、pháiⁿ-sè ê cha-bó͘ 人。

我心內眞清楚，文雄、自財 2 人坐監 m̄ 是因爲普通 ê 犯罪案。Che 是 1 個政治行動，1 個政治案件，是台灣人反蔣政權、建立獨立台灣 ê 過程中 ê 1 chat。Tùi 海外台灣人 ê 反應 kap in hō͘ 我 ê 支持會得看出 in mā 有 sāng 款 ê 看法：Che m̄ 是個人 ê 事件，刺蔣案 ê 被審判主角是蔣政權，m̄ 是黃、鄭 2 人。

2 個 gín-á 雖然 iáu 細漢，mā 有親近 ê 朋友 kap 同志 tàu 照顧，hō͘ 我無感覺孤單，會得奮鬥 -- 落 - 去，全心 chiū 我會得做 ê 部分做 hō͘ 好。

自財 kap 阿兄 2 人 hông 關 tī NewYork 市 Manhattan 南區 ê 拘留所，一般人 kā i 叫做「大墓」（The Tombs）。去面會 ê 手續眞複雜，守衛 kap 管理員大欉 koh 橫，排隊排 kah 長 ló-ló。Tiòh lán 講話 ê 時 koh ài 通過電話線，線 ê 另外 1 頭有

人 leh 監聽。

第一遍去這款所在，心肝 tám-tám。我 kā ka-kī 講：「頭攑
hō kôan！阿兄 kap 自財是為台灣人入監！」

心頭 liàh 在，守衛 kap 管理員 soah ká-ná 變 khah 細格 -- 去，
khah 無 hiah 驚 -- 人，頭腦隨變 khah 清楚，好好á 控制時間，
chiū 需要問 --ê、討論 --ê、交代 --ê lóng 講完，面會 ê 時間也
完 --lŏ。無時間 thang 哭，mā bōe 得講心內話，tiòh kā 感情
暫時鎖 tī-leh 心內 ê 1 角，kā 目屎 ê 門嘴 that-- 起 - 來。人實
在是真可愛 ê 動物，做這個決定以後，我 kan-taⁿ 會感覺著
台灣人支持 ê 力量，1-kóa tāi-chì 差不多 lóng 會得冷靜去應
付。

有 2 位真出色 ê 律師 thang 參詳，當然 oan-na 是 1 個重要
ê 因素。派 hō 自財 ê 律師 V. Rabinowitz 是 1 個真有國際經
驗 ê 猶太人，了解也同情台灣人 ê 追求。阿兄 ê 律師 N.
Scoppetta 是 Italy ê 第二代移民。Hit 個時 chūn，New York ê
警察界相當烏暗，相當爛。1972~73 年 N.Y. 法院開始 tī 警
察界大 piàⁿ 掃，就是派這位律師去負責調查工作。有機會
kap 這 2 位優秀 ê 律師接觸，hō 我對美國 hit 個社會 koh 增
加 1-kóa 認識。

海外 ê 台灣人 m̄ 甘放這 2 個替 in 發出 hiah chē 年來 kē tī nâ 喉、hoah bōe 得出 -- 來 ê 聲音 ê 台灣青年 hō 人 liah 去關 tī-leh 監獄內，in 盡各人 ê 能力，出錢出力，用 20 萬美金 tī 1 個月 thóng kap 2 月半日內、就分別 chiū 自財 kap 文雄保 -- 出 - 來。20 萬美金 tī 70 年代初期 m̄ 是細條錢，hit 時 tī 美國 ê 台灣人人數無像 chit-má chiah chōe，而且大多數 iáu koh 是散赤 ê 留學生，會得 hiah-nī 緊就 kā 自財 kap 文雄 2 人保 -- 出 - 來，hō 美國人 chhoah 1 tiô。

保 -- 出 - 來以後，自財 koh tńg 去建築公司上班，阿兄 Peter koh tńg 去 Cornell 大學繼續讀博士班。Gún 繼續參與台獨運動，同時 mā 積極 teh kap 律師參詳討論辯護 ê 策略：Che 是 1 個政治事件，tioh-ài 防止 hō 人有意 chiong i 當作一般 ê 銃殺案處理。美國政府並 m̄ 是 m̄ 知影蔣 -- 家 pē-á-kiáⁿ 國民黨政權 ê 獨裁 kap 無人道，m̄-koh 若 tú 著 kap 美國自身 ê 利益有衝突 ê 時，i 就目 chiu kheh 1 蕊，耳孔 khàm--leh 假 m̄ 知。

審四二四案，蔣政權 tùi 頭到尾積極 teh 參與：向美國國務院施壓力；供給 N.Y. ê 檢察官「資料」；chhiàⁿ 1 個老美國律師，tùi 開始聽審就 tè tī 檢察官邊 --a bōe-su 是助手，去坐 tī 除了法官、記錄官、檢察官、被告 kap 辯護律師以外 --ê 不准進入 hit 區，經過 lán 激烈 ê 抗議以後，chiah 停止出現。

另外 hit 3 個國民黨派 -- 去 ê 特務，tùi 頭到尾 lóng 坐 tī hia 旁聽、做記錄。雖然 án-ne，iáu-koh 是有幾位台灣人敢去旁聽，敢去做證。有關心 lán ê 美國朋友 bat 問講：Lín ê 組織這遍 nah 無想著 koh kòa siáu 鬼 á 殼，利用這個機會去法庭外口訴求，我 m̄ 知 boeh án-chóaⁿ 回答。

Tú tī 自財 kap 文雄保 -- 出 - 來 hit 時，我收著 Montessori 教師訓練班 ê 錄取通知，koh 是我揀 ê 夜間班。我歡喜 kah kiōng-boeh 相信真實有神 teh 保庇。Beh 做 Montessori 老師本來就是我個人性命中 ê 1 個理想，這個機會 tī 這個時 chūn 來，soah 增加 1 個意義。將來 ê 發展 bōe 得按定，我需要 khah 緊有 1 個職業 thang 維持我 ka-kī kap 日青、日傑 ê 生活。Tùi 一年讀到大學、留學，雖然相當順利，有時 á iáu 有提著獎學金 thang 減 chió pa-pa ma-ma ê 經濟壓力，總 -- 是無親像這個時 chūn án-ne 讀 kah hiah-nī 積極，hiah-nī 有目的，tī hia leh kap 時間相拚。

1971 年 8-- 月寫 phoe kā pa-pa ma-ma 報告自財 kap 阿兄行入地下，tī sāng 1 段，我 kā in 報告 1 個好消息：「……我已經 kap 學校講好 --lò，9 月中 boeh 開始試教。2 個 gín-á lóng 免學費。6 月初考試煞，主持訓練課程 ê 主任 kā 校長講『Terrific』〔註 4〕。因為 án-ne，安排教職 ê 時，1 點 á 問

題都無⋯⋯。」戰贏 kap「時間 ê『巨人』」這個小戰，對我 tī 續- -落-去 ê 瑞典、英國 kap 美國 ê「四二四續戰」中會得 khiā 眞在來講，是 1 個重要 ê 因素。

審訊結束，法官判文雄、自財 2 人有罪。Lán 有 chiū 蔣--家 pē-á-kiáⁿ 政權 ê 惡質 koh 1 遍 thián 開 hō͘ 世間人看，m̄-koh 美國 tī hit 個時 chūn iáu koh chiū 蔣--家國民黨 ê 利益看做 kap in ka-kī ê 利益 kap-óa。法官宣佈文雄、自財 2 人 ài tī 7 月初 6 出庭接受判刑。根據美國法律 ê 規定，這款罪，2 人 ài 坐監 ê 年數合--起-來是 7 年到 32 年。

Tùi 各角度愼重討論了後，自財 kap 文雄決定 boeh 行入地下，繼續用無 sāng ê 方式、管道去奮鬥。

對我來講，事實上，tī 四二四以前，就已經做好選擇 --lö。Chit-má 有這款 ê 演變，in tī 監獄外比 tī 監獄內對台灣會得做 koh-khah 大 ê 貢獻。

雞母保護雞 kiáⁿ ê 心情

四二四事件 hit 暗，chiū 手銃 tàn 落溪底以後，隨想著 tòa tī 台灣 hit 個大監獄內 ê pa-pa、ma-ma、小弟 kap 小妹。Boeh án-chóaⁿ 去保護 --in？照理來講，in tiāⁿ-tio̍h 是無可能知影 gún tī hiah-nī 遠 ê 美國，頭殼內 teh 想 siáⁿ-mih。Gún tī 地球 ê 另外 1 pêng teh 做 siáⁿ-mih tāi-chì，當然 kap in lóng 無關係。Ḿ-koh gún mā 眞清楚所有無受人民支持 ê 專制政權 lóng bōe 照步數來。Gún 決定 kap boeh 去台灣採訪 ê 美國記者聯絡，拜託 in tiāⁿ-tiāⁿ 去 gún 厝附近 se̍h--1- 下，方便 ê 時替 gún 去看 pa-pa、ma-ma。Gún 知影寫 --tńg- 去 ê phoe 一定 lóng 會先檢查，所以 tī 寫 hō͘ pa-pa ma-ma ê phoe 內面，我 chiū gún ê 看法 kap 做法寫眞清楚，kap in chhiàng 明 --ê。Phoe tiāⁿ-tiāⁿ 用掛號寄，我寄 --tńg- 去 ê phoe 有時 á 是調查局 ê 人送去厝 --nih，有時 á 是等 pa-pa 收著 phoe 了後，in chiah 去「拜訪」，問講：「Lín cha-bó͘-kiáⁿ 最近 kám koh 有寫 phoe tńg--來？」

Pa-pa 一定回答講有，入去書房 chiū phoe 提出來 hō͘ in 看。下面是我 tī 1970 年 9 月 30，阿兄 kap 自財 lóng 保釋出來以後寄 tńg-- 去 ê phoe 頭 2 段，小妹有 chiū phoe 留 -- 落 - 來，眞難得。

親愛 ê pa-pa、ma-ma：

8 月 24 用掛號寄 1 張 phoe tńg-- 去，內面有美金 20

khǒkap 4 張 Nì-chiàng kap 阿青、阿傑做 1 個 hip ê 相片，
1 禮拜前收著 pa-pa hō Nì-chiàng ê phoe 內底並無提起
我 ê 掛號 phoe。若準無收 - - 著，請去郵局查 --1- 下。
掛號 ê 收據我保存 kah 好好。Chia ê 郵局辦事員 kap 我
chiāⁿ 熟，in lóng 知影我爲 siáⁿ-mih nah tiǒh tiāⁿ-tiāⁿ 用掛號
寄。逐遍去，in lóng 會問：「頂遍寄 ê hit 張 phoe kám
寄有到？」

有時 á in iáu 會講笑，講：「我 kap 你相輸，這遍一定
寄 bōe 到。」

我若準提收據去查，in 一定會因爲 hō in ioh-- 著，歡喜
kah beh 死。

以後逐遍參加聚會（美國人 tiāⁿ-tiāⁿ 辦 ê 大細型
party），一定會提出來半做笑話講 hō 人聽。美國人就
是 chiah-nī 愛展。

Pa-pa ê 中文程度 nah 會 hiông-hiông 進步 hiah-nī chōe？
Phoe 接 -- 著 ê 時，tú 好有外國朋友 tī chia 坐。我 chiū
phoe ê 內容簡單翻譯 hō in 聽，in 聽了 ê 反應是：「你
是 leh 講笑是 --m̄？」（Are you kidding？）「Nah 有這

款 boeh 叫 ka-kī ê kiáⁿ tńg 去死 ê 老 pē？」

In lóng 有 tī 報紙頂頭讀著陳玉璽、黃啓明、陳中統等等 tńg 去台灣以後 hō 人 liàh 去判刑 ê 原因 kap 經過。In 當然 mā 知影 Nì-chiàng kap 自財 2 人 tńg-- 去以後會有 siáⁿ-mih 款 ê 結果。Pa-pa 已經爲 gún 操勞有夠 chōe--lö，無論 án-chóaⁿ，一定 m̄-thang koh 爲 gún 操心，mā m̄-thang koh 去 chhap tāi-chì，kan-taⁿ 做你愛 ê 技術工作，好好 á 陪 ma-ma 去 chhit-thô 就好 --ah。無管你是 m̄ 是眞正相信 hit 個道理，以後請 pa-pa mài koh 寫 hit 款 ê phoe。因爲：一 -- 來 gún bōe 相信，二 -- 來若準 chiū phoe 翻譯做各種文字 tī 世界各地 ê 刊物登 -- 出 - 來，m̄-nā 無人會相信，iáu-koh 會 hō 人笑 kah lak 嘴齒。

Gún 一直 lóng 眞好，眞無 êng。生活有目的，所以自然就過 kah 眞充實。

1971 年 6 月底，自財 kap 阿兄離開厝，去有台灣人 ê 各地巡迴就無 koh tńg-- 來。因爲 in 7 月初 6 無出庭，法官 bōe 得宣佈刑期。我爲著保護厝 --nih ê 人，thiau-kang 等到 8 月初，in 應該已經知影自財 kap 阿兄行入地下這個消息以後，chiah tī phoe 內 kā in 講，同時也 kā in 提醒：

我對 in 2 人永遠有 chiok 大 ê 信心，相信 in 會好好 á 照顧 ka-kī。Pa-pa、ma-ma mā m̄ 免為我 kap 阿青、阿傑煩惱。到 chit-má，lín 應該已經知影我有照顧 ka-kī kap 2 個 gín-á ê 能力。海外 ê 朋友 mā 一定 bōe hō͘ gún 去食苦。

以後（phoe 信斷 -- 去）一直到 1979 年 lóng 無直接 leh 聯絡。有親 chiâⁿ 出國 ê 時傳話，講 tī 這幾年中因為無通 phoe，厝 --nih 加 chiok 清靜，ma-ma 無想 boeh koh 增加麻煩，雖然 in 心內 tiāⁿ-tiāⁿ teh siàu 念 --gún。

1980 年 pa-pa ma-ma 第 1 遍來瑞典團「圓」，可惜 kan-taⁿ 是 1 個「半圓」。Ma-ma ê 身體無 jōa 好，會下決心 boeh 坐 hiah-nī 久 ê 飛機來 chiah-nī 偏遠 koh óa 北極 ê 瑞典，tiāⁿ-tióh 是希望會得見著 bat 陪 i 食苦 ê 大 kiáⁿ。看 ma-ma 失望，我心肝 mā chiok 疼 --ê，唯一會得做 --ê 是 kā i 保證：阿兄身體好好，生活無問題，繼續 teh 做學問，為著 i ê 安全，lán bōe-ēng-leh 知影 i tī toh 位；若有 tāi-chì，一定會有人通知 -- 我；無消息就是好消息。

我對 pa-pa、ma-ma hia 知影 in 無受著 jōa-chōe 直接 ê 麻煩，m̄-koh 2 個小弟 ê 事業有受著影響，因為大部份 ê 人 lóng 驚，m̄ 敢 kap in 合作。台大外文系第一名畢業 ê 小妹 kan-taⁿ 會

得目 chiu 金金看 i ê 同學 1 個 1 個出國 -- 去。Hit-má tú 有 1 間美國人 ê 海運公司去 tī 台灣設分公司，i 就 kui-khì 去 hia 做公司主管 ê 祕書。親 chiân 朋友是真關心，m̄-koh 大多數 m̄ 敢 kap in 公開來往，tiān-tiān tī 無人會看 著 ê 時 chūn 偷偷 á kā in 關心，iah 是 iap 1 點 á 錢 hō͘ ma-ma 就趕緊離開。

Gún 講（káng）幾 nā 個暝日，有時笑，有時流目屎。Pa-pa 親像古早 án-ne，koh kā 我 liàm 1 個嘴 phóe 講：

你看起來都 iáu-koh chiah kó͘-chui，hit-má 寫 ê phoe nah 會 hiah-nī pháin-- 著？連調查局 ê 人都講：lín cha-bó͘-kián phēng lín 後生 koh-khah pháin。

我 tiān-tiòh ài pháin，我 hit-má 是用雞母保護雞 kián ê 心情 leh kap lā-hiòh 拚。

Pa-pa、ma-ma kap 小弟、小妹雖然因為阿兄 kap 我食 bōe-chió 苦，in lóng 無怪 --gún，kan-tan 有關心，我也感覺真自然。會 án-ne，可能是因為 gún 自細漢就慣勢 kāng 心去應付 pa-pa「為公 phah 拚」引起 ê 1 kóa 後果。Gún kui 家互相會得信靠，幫助我 tī 上困難 ê 處境，雙 kha 會得 khiā 在。

〔註1〕可惜，1968年4月初4，金牧師去美國南部Memphis城關心以烏人清潔工人做主體ê罷工，tī hia hông 開 chhèng thâi-- 死。

〔註2〕台獨聯盟租飛機，機尾拖1個大標語：「台灣獨立萬歲」，tī球場頂頭 sèh。當場ê國民黨駐外人員 lóng gāng-- 去，有人罵講『台獨竟然有空軍！真他媽的！』（陳銘城：《海外台獨運動四十年》，154頁）

〔註3〕我 beh tī chia 向1-kóa tiām-tiām teh 做後勤ê盟員太太（無名英雌）致上大ê敬意。Tī 無親無 chiâⁿ ê外國，in chiū kui 家ê擔 taⁿ-- 起 . 來，hō͘ in ê翁婿會得放心 kā 上班趁生活費以外ê時間、精神奉獻 hō͘ 台獨運動，mā hō͘ 其他ê太太會得出面抗爭。

〔註4〕Terrific：非常好！無 án-ne nah 會 ēng--leh？我是 kap「巨人」teh 相拚！

＊後記：

1997 年 4-- 月，民視電視台新聞部蔡先生爲 boeh 做〈四二四刺蔣案〉節目，寄採訪重點 hō-- 我，委託美國 1 間電視台派攝影記者來瑞典採訪。我根據採訪重點事先準備回答 ê 材料。我決定 boeh 用台語講。因爲台文 iáu m̄-bat 寫 -- 過，就用我讀語言學學 -- 來 ê 代表語音通用 ê 記號，chiū 我 boeh 講 ê 話記 -- 落 - 來。

幾 nā 遍，有同鄉關心、好意 beh 替我寫傳，我 lóng 因爲感覺 m̄ 是時 chūn，無去進行這項 tāi-chì，同時，ka-kī mā bōe 得確定是 án-chóaⁿ nah 會 m̄ 是時 chūn。一直到接觸著台語文 chiah 知影，我下意識中一直 teh chhē 1 個適合 ê 寫作工具——我 ê 母語。

Chit-má 雖然已經自學，學讀 kap 寫漢羅合用 ê 台語文，m̄-koh iáu 未出師，一定有眞 chōe 所在 làu-kau iah 是 m̄-tiȯh。眞感謝阿惠姐替我修補。

＊　本文 2001.04.15 至 2001.12.15 刊佇《台文 BONG 報》雜誌第 55、56、58、59、60、62、63 期；Hit 時 ê《台文 BONG 報》羅馬字採用傳統白話字。

Sweden ê「gín-á 權利」教育

逐年 ê 聯合國日（10 月 24），Sweden ê 學校除去一般 ê 慶祝活動，lóng 會有 1 部份 ê 學生 liàh〈gín-á 權利公約〉做主題展開各種活動。In 討論公約 ê 內容，寫文章、畫圖、做壁單。無 kāng 國籍 ê 學生會用無 kāng ê 方式做文化交流，可比講：唱歌、跳舞、戲劇等等。Góan chiah-ê 移民學生 ê 母語老師真自然就負擔重要 ê 媒介角色。

我利用逐禮拜點半鐘 ê 母語課時間，hō 我 ê 學生用母語（華語）討論 in 所揀 -- 出 - 來 ê gín-á 權利條文，kā in ê 經驗 kap 看法講 -- 出 - 來，其中有 1-kóa koh 用華文做細張壁單掛 tī têng-á-kha kap 其他老師、學生分享。經過 chiah-ê 準備 khang-khòe，in mā 會得自在參與班 --nih ê 討論 kap 活動。

1989 年 11 月 20 聯合國通過〈gín-á 權利公約〉，lóng 總有 54 個條文，kā 18 歲以下 ê gín-á 應該有 ê 權利列 -- 出 - 來，koh 強調全世界 ê gín-á lóng 有平等 ê 做人 ê 價值，有 kāng 款 ê 權利。

Sweden 政府 tī 1990 年簽約，國內 50 外個組織共同組 1 個號做「gín-á 權利公約連線」ê 諮詢團體，i ê 工作目標是 beh kap 18 歲以下 ê gín-á 做伙去加強 in tī 社會 ê 影響力，保護 in 應該有 ê 權利。為著 beh hō 無 kāng 年歲階層 ê gín-á 了解公約 ê 精神，連線 ê 工作人員 kap 1-kóa gín-á 做伙揀出部分條文共同討論，chiah-koh 邀請作家改寫，請畫圖家畫插圖，印做 3 本適合 3 個無 kāng 年歲階層 gín-á ê 手冊，hō in 知影 ka-kī 應該有 toh 1-kóa 權利。這 3 個年歲階層是：5 歲到 8 歲、9 歲到 12 歲、13 歲到 18 歲。逐個版本 ê 第一頁 lóng 有印 kāng 款 ê 歡迎詞：

這本手冊內底 beh 介紹 --ê 是你 ê 權利。

Chiah-ê 權利 kap 全世界逐所在 ê gín-á 應該有 ê 權利完全 sio-kāng。

Kā 讀看 māi，看你有 toh 1-kóa 權利。讀了，tī 學校內底，

tī 你參加 ê 團體內底，kap 你 ê 同學、朋友做伙討論。

續 -- 落 - 來是 9 歲到 12 歲 hit 本手冊 ê 內容，希望 kap 各位
讀者分享，看 Sweden 人 án-chóaⁿ 培養 in ê gín-á ê 人權概念。
文 ê 部分是我翻譯 --ê。Tī chia，我 beh 感謝 hō͘ 我免費 tī 這
篇報導內底使用插圖 ê 畫圖家——Gert Andersson 先生。

封面圖文字：我 ê 權利

聯合國 ê〈gín-á 權利公約〉ê 對象是全世界 18 歲以下
ê gín-á。

家庭對 gín-á ê 成長 chiâⁿ 重要。你 ê pē 母 ài 負擔 hō͘ 你 ê
生活平安、穩定、無煩惱 ê 主要責任。

Sweden 政府有責任盡全力 hō͘ gín-á 人權 tī 國內得著尊
重。Sweden 政府 mā tiȯh-ài 幫助其他國家，促成 hiah-ê
國家尊重〈gín-á 權利公約〉。

逐個 gín-á lóng 有權利有 1 個名 kap 1 個國籍。
逐個 gín-á lóng 有平等 ê 做人 ê 尊嚴。

無人會得 liàh 你 ê seⁿ-tiuⁿ、你 ê 皮膚色、你 ê 性別、你 講 ê 語言、你信 ê 宗教、你對 tāi-chì ê 看法等等來歧視 -- 你。

有權責決定關係 gín-á 事務 ê 人，tī 做決定 chìn 前，tāi 先 ài 考慮著 án-chóaⁿ 做對 gín-á 上有利。

逐個 gín-á lóng 有權利講出 in ê 看法，一定 ài 去問 in ê 意見。無論 tī 厝 --nih、學校、政府、機關 iah 是法院 內底，tī 決定 kap 你有關係 ê tāi-chì ê 時，lóng tiòh-ài 尊 重你 ê 看法。

Tāk 個 gín-á lóng 有權利去學校學習 1-kóa 重要 ê 智識， 可比講：尊重人權 kap 尊重別 ê 文化。Gín-á tī 學校會 tàng 得著鼓勵，hō 身體 kap 心理 lóng thang 有正面 ê 發 展是 chiâⁿ 重要 ê 1 項 tāi-chì。

逐個 phòa 病 ê gín-á lóng 有權利得著 in 需要 ê 幫助 kap 照顧。

逐個 gín-á lóng 有權利過好 ê 生活。

假使你有某種缺陷，你就有權利得著 koh-khah chē ê 支援 kap 幫助。

被逼離開本國 ê gín-á tī hit 個新 ê 國家有 kap 其他 gín-á kāng 款 ê 權利。

假使你孤 1 人走 -- 出 - 來，你應該得著特別 ê 支援 kap 幫助。政府 tióh-ài 盡逐種可能 ê 方法幫助你 kap 親人團圓。

逐個 gín-á ê 想法 kap 信仰 lóng ài 受著尊重。

屬 tī chió 數民族 ê 你，有權利保留 ka-kī ê 語言、ka-kī ê 文化 kap ka-kī ê 信仰。（補充：Sweden ê 北部有 chió 數民族）

逐個 gín-á lóng 有權利 tī 1 個好 ê 環境內底生活 kap chhit-thô。

逐個 gín-á lóng 有權利透過廣播電台、電視、報紙 kap 冊知影世界各地 ê 消息 kap 需要 ê 資料。Chiah-ê 資訊 bē-sái 對 gín-á 造成傷害。

逐個 gín-á lóng 有權利有 ka-kī ê 祕密。換話來講，無人
會 sái 無得著你 ê 同意就讀你 ê phoe iah 是日記。

逐個 gín-á lóng 有權利 kap a-pa、a 母做伙，就算講 a-pa、
a 母無 tòa 做伙 mā 有這個權利。Pē 母 2 人 ài 共同負
擔養飼 gín-á ê 責任。家長有權利得著 in 所需要 ê 支援
kap 幫助。

Bē-sái 虐待、利用 iah 是無注意任何 gín-á。
Bē-sái 強迫 gín-á 做對 i 有敗害 ê 工作。
Bē-sái hō͘ gín-á 受著侵犯 iah 傷害。

若有人欺負 -- 你，你應該 ài 受著保護 kap 幫助。
逐個 gín-á lóng 有權利知影 kap ka-kī 權利有關係 ê 智識
kap 資訊。

*   本文 2002.10.15 刊佇《台文 BONG 報》雜誌第 73 期；Hit 時 ê《台
     文 BONG 報》採用傳統白話字。

流浪者 ê 歌

恭喜！《台文 BONG 報》，生日快樂
感謝！《台文 BONG 報》，我 ê 催生者

62 年前，kiu tī ma-ma 溫暖 ê 腹肚內
Kui 日聽優美 ê 歌曲，我 ê 母語〔註1〕

跳出來 ma-ma 腹肚外 ê 世界
我 mā beh 唱這種歌
我 mā 會 hiáu 唱這種歌囉
我唱了 bōe-bái
大聲唱我 ka-kī 編 ê 歌

8 歲囉，入去 1 個新 ê 世界──學校

In leh 唱 siáⁿ-mih？我 lóng 聽無
我做我唱我 ka-kī ê 歌
「Pháiⁿ 聽，bōe-sái 唱！」
我偷偷 á 細聲唱
唱 hō 我 ka-kī 聽

In 唱 ê 歌愈來愈 chōe，愈大聲
我聽 bōe 著我 ka-kī leh 唱 ê 歌！
聽 -- 著囉，聽 -- 著囉！
我 tī-leh 唱 in ê 歌
我唱了 bōe-bái
唱我 ka-kī 編 ê 歌
我編好聽 ê 新歌
我會 hiáu chiū 新歌寫 -- 落 - 來

14 歲囉，讀初中、高中 koh 續大學
「有受教育 ê 人，m̄-nā ài 會 hiáu 1 種歌」
我學 1 種新 --ê，叫做 English ê 歌
我唱了 bōe-bái
唱我 ka-kī 編 ê 歌
我編 ê 歌好聽
我 mā chiū 我編 ê English 歌寫 -- 落 - 來

去美國流浪

Hia 有各種 ê 人,唱 in 各種 ê 歌

我 tī ma-ma 腹肚內聽 -- 過 ê 優美歌曲

1 條 1 條 koh tùi 嘴 --nih puh-- 出 - 來

想 boeh chiū ka-kī 編 ê 歌寫 -- 落 - 來

可憐,m̄ 知 beh án-chóaⁿ 寫!

流浪 ê 路行 bōe 完

飄流過 Atlantic Ocean

為著台灣 --ê 也是 gún kui 家 ê 尊嚴

Hō 海水沖來 Sverige（Sweden）ê 海埔

聽著 iáu m̄-bat 聽 -- 過 ê 1 種歌

認真 koh 學這種叫做 Svenska ê 新歌

為著 i 好聽,也為著 boeh 生存

我 chiū 我編 ê Svensk 新歌寫 -- 落 - 來

Chia 有逐國來 ê 政治流浪者

暫時 ê 流浪者

In 講 in liam-mi 就 boeh tńg-- 去

Kui 家大細

Tńg 去 ka-kī ê 國,唱 ka-kī ê 歌

練習 koh 練習,寫新 ê 歌,唱好聽 ê 歌

1 禮拜 90 分鐘，
1 秒鐘都 bōe-ēng-leh 浪費 -- 去
講、寫母語是
每 1 個人出世就 chah-- 來 ê 權利〔註2〕

老資格 ê 中文母語老師
唱 ka-kī ê 台語母語歌
想 boeh chiū 歌詞寫 -- 落 - 來
M̄ 知 boeh án-chóaⁿ 寫！
Tiȯh-ài chhē 出 1 條路來

去讀語言學
有幫助、無夠用
自修台語學
漢學化 ê 書，kan-na 會得做參考
日文 kanji（漢字）lām hiragana（假名）
會得寫
我漢字 lām 拉丁字母 mā 試 teh 寫
Ka-kī 看有，別人 ioh 無

《台文 BONG 報》創刊
Chiâⁿ 歡喜我並無眞正 hiah 孤單

M̄-koh

羅馬字 ài khah 認眞學

母語 ê 歌，ài koh-khah

Chia̍p 唱、chia̍p 讀、chia̍p 寫〔註3〕

我無愛 koh 流浪

我 boeh tńg-- 去

Boeh 用我 tī ma-ma 腹肚內聽 ê

hit 種歌，台語歌

Chiū 我 ê 流浪故事唱 -- 出 - 來，寫 -- 落 - 來

〔註1〕講話 kap 唱歌 sāng 款，kui-kōaⁿ ê 聲音直直出 -- 來，kôan-kôan-kē-kē，長長短短，緊緊慢慢。

〔註2〕1960 年代尾逃來 Sweden（瑞典）ê 政治難民開始增加。In 無想 boeh tī chia tòa-- 落 - 來，若會得愈早 tńg 去本國奮鬥愈好，所以 in 眞注重第 2 代 ê 母語。In 向 Sweden 政府爭取 hō in ê gín-á tī 學校讀母語 ê 權利，本來政府 ê 政策一直是移民 gín-á 愈早學 Sweden 語愈好，tī 這個時 chhun tú 好發見移民 gín-á 學 Sweden 語 ê 成果眞 bái，因爲 in 母語 ê 發展半途就斷 -- 去，變做「半個」語言，in 學 ê 第二語言 mā bōe 得完全，造成新 ê 社會問題。政府接受政治難民提出 ê 要求，開始 tī 學校設母語教學，有 boeh 讀母語 ê 外國 gín-á lóng 會得報名。2000 年 9 月底，tī 首都 Stockholm 有 407 位母語老師教 12593 個學生讀 55 種母語。

〔註3〕Án-ni chiah m̄ 免逐 pha 寫完 lóng tio̍h koh 去掀陳修先生 ê《台灣話

大詞典》查對。阿惠姐 mā m̄ 免浪費時間去改 hit-kóa 漢語化 ê 字句 kap 我 ka-kī 改無著 ê 羅馬字。

*   本文 2001.10.15 刊佇《台文 BONG 報》月刊第 61 期；Hit 時 ê《台文 BONG 報》羅馬字採用傳統白話字。

晴美・天涯・人間

黃晴美(1939-2018) 紀念座談會

時間：2018 年 3 月 25 日（星期日）下午 2:00－4:00

地點：228 國家紀念館一樓 展演廳 / 台北市南海路 54 號

流程：

14:00－14:10	室內樂演奏：小提琴 / 張智欽　鋼琴 / 劉芝瑄 (1) 馬斯奈 泰伊斯冥想曲　(2) 皮亞佐拉 遺忘
14:10－14:20	生平介紹
14:20－14:30	黃文雄
14:30－14:40	黃富雄
14:40－14:55	鄭自才
14:55－15:05	室內樂演奏：小提琴 / 張智欽　鋼琴 / 劉芝瑄 (1) 新井滿〈化爲千風〉 (2) 蕭泰然〈望春風〉、〈嘸通嫌台灣〉
15:05－15:13	陳婉眞
15:13－15:21	周婉窈
15:21－15:29	陳翠蓮
15:29－15:37	陳豐惠
15:37－15:45	沈清楷
15:45－15:53	蔡喻安
15:53－16:05	林秀幸

主辦單位：台灣中社、台灣北社、台灣南社、花蓮東社、台東東社、
　　　　　台灣客社、台灣社、台灣教授協會、台灣獨立建國聯盟、
　　　　　李江却台語文教基金會、共生青年音樂節、基進黨
協辦單位：二二八事件紀念基金會、二二八國家紀念館

國家圖書館出版品預行編目資料

天涯‧人間‧晴美：黃晴美紀念文集 / 黃文
雄, 鄭自才, 黃晴美著. -- 初版. -- 臺北市：
前衛, 2018.03
200面；15×21公分

ISBN 978- 957-801-842-6（平裝）

1. 黃晴美　2.臺灣傳記

783.3886　　　　　　　　107004258

天涯‧人間‧晴美
黃晴美紀念文集

策　　劃　黃晴美紀念文集企劃組
作　　者　黃文雄、鄭自才、黃晴美等作者群
編　　者　廖宜恩、陳豐惠
封面設計　鄭自才
台文校對　陳豐惠
美術編輯　宸遠彩藝

出 版 者　前衛出版社
　　　　　10468 台北市中山區農安街153號4樓之3
　　　　　Tel：02-25865708　Fax：02-25863758
　　　　　郵撥帳號：05625551
　　　　　e-mail：a4791@ms15.hinet.net
　　　　　http://www.avanguard.com.tw
出版總監　林文欽
法律顧問　南國春秋法律事務所

出版日期　2018年3月初版一刷
定　　價　新台幣250元